지금
　　만나러
　갑니다

지금
만나러
갑니다

대한민국
교육의
미래를
바꾸는
23인의
목소리

조희연 지음

프롤로그

늦지 않게 만나러 갈 수 있어서 다행입니다

"자녀교육의 핵심은 지식을 넓히는 것이 아니라 자존감을 높이는 데 있다."

- 레프 톨스토이(소설가)

"교육의 참된 목적은 각자가 평생 자기의 교육을 계속할 수 있게 하는 데 있다."

- 듀이(철학자)

"아이에게 물고기를 잡아주어라. 그러면 한 끼를 배부르게 먹을 것이다. 아이에게 물고기 잡는 법을 가르쳐 주어라. 그러면 평생 배부르게 먹고 살 수 있을 것이다."

-《탈무드》중에서

"아이들에게 조언하는 가장 좋은 방법은 아이들이 무엇을 원하는지 알아내 그것을 하라고 조언하는 것이다."

- 해리 트루먼(전 미국 대통령)

"아이에게는 비평보다는 몸소 실천해 보이는 모범이 필요하다."

- 조제프 주베르(작가)

"교육은 그대의 머릿속에 씨앗을 심어주는 것이 아니라 그대의 씨앗들이 자라나게 해준다."

- 칼릴 지브란(작가)

"교육의 목적은 기계를 만드는 것이 아니라 인간을 만드는 데 있다."

- 장 자크 루소(철학자)

교육을 논할 때마다 빠지지 않고 회자되는 명언들이 있다. 위에 열거한 명언들은 그중 훌륭한 아이를 기르기 위해 반드시 명심해야 할 명언으로 많은 사람들에게 알려져 있다. 한 번쯤은 들어봤음 직한 명언들이다. 물론 실천할 수만 있다면 '교육은 백년지대계'의 기틀을 세우는 데 큰 역할을 할 것임에 자명하다. 하지만 모두가 노력하고 애쓰지만 잘 알고 있다. 현실과 이상은 다르다는 사실을….

그런데 놀랍게도 최근 한 권의 책을 준비하면서 이러한 명언들을 몸소 실천하고 있는 훌륭한 23인을 만났다. 대학 교수, 교사, 학생, 학부모 등 다양한 분야에서 자신의 역할을 충실히 해내고 계신 분들이었다. 한 분 한 분의 목소리를 두 손 꼭 잡고 경청하며 감사한 시간을 보냈다. 때로는 나도 모르게 눈가를 타고 내리는 눈물을 훔치느라 손수건을 빌려야 했다. 대화가 너무 신나서 "깔깔깔" 웃은 적도 한두 번이 아니다. 가끔은 교육감의 입장에서 더 세밀하게 살피지 못함에 반성하며 무릎을 꿇고 싶은 마음이 간절하기도 했다.

앞서 소개한 역사 속 인물들의 한 말씀 한 말씀을 가슴속 깊이 새기며 올바른 교육을 위해 노력해야겠다고 다짐했던 적이 있었다. 하지만 오늘부터는 그 마음을 조금은 바꾸어야겠다며 새롭게 다짐해본다. 이번에 만난 23명의 말씀을 가슴속 더 깊이 새기며 나의 교육 스승으로 모셔야겠다는 마음까지 들었던 것이다. 때로는 칭찬과 격려로, 한편으로는 따끔한 질책을 솔직하게 해 주셨던 분들이다.

인터뷰를 진행하다 보니 이른 새벽부터 밤늦게까지 서울시 소재 수많은 학교들의 주체인 학생, 교사, 학부모를 위해 고민하고 수립했던 다수의 정책 설계 과정들이 주마등처럼 스쳐 지나간다. 특히나 가장 가까운 시기로는 그 누구도 예측하지 못한 코로나19 상황으로 인해 현직에 계신 선생님들과 한마음 한뜻으로 최단 시간에 대면/비대면 혼합수업인 블렌디드 수업 진행을 위해 애썼던 순간들이 있었다. 너무나 고맙고도 미안하기만 하다.

   교육 복지를 위해 희망교실 사업을 확대하고, 교육 환경 및 공간 개선을 위해 꿈담교실 프로젝트를 진행했던 기억도 생생하다. 장애가 있어 정규교육을 받지 못한 이은지 님께서 찾아가는 검정고시 정책을 통해 고등학교 과정을 무사히 마쳤을 때 가졌던 뭉클함은 잊을 수가 없다. 강서 서진학교 개교에 반대하는 주민들 앞에서 무릎을 꿇고 눈물로 호소했던 어머니들의 모습도 방금 있었던 일마냥 마음 한켠에 묵직하게 자리한다. 학교 밖 학생들을 가슴으로 품어주신 진정한 교육자분들의 헌신 또한 영원히 기억할 것이다.

   내가 정말 교육감이 되길 잘했다고 절실히 느끼는 순간이었다. 그 순간을 만들어가는 데 23명의 인터뷰이$_{interviewee}$들께서 함께해주셨다. 일부는 정책을 함께 수립하는 과정에서 빛을 내어주셨고, 일부는 그 정책들을 현장에서 진행하며 장단점을 분석하고 보완점을 지적해주셨다.

  책을 내면서, 나는 교육정책과 교육행정을 펼쳐감에 있어 명심하고 견지해야 할 고색창연한 원칙을 새삼 확인하게 되었다. 교문현답敎問現答, 즉 '교육 문제는 현장에 답이 있다'는 것이다. 그렇다. 새로운 교육의 역사는 우리가 교육청을 통해 좋은 정책을 수립함으로써 개척되는 것이 아니라, 교육의 현장에서 몸으로, 가슴으로 헌신하는 고투苦闘 속에서 개척된다. 2022년 신년사에서 나는 '더 질 높은 교육, 더 따뜻한 교육, 더 평등한 교육'을 대한민국 미래 교육의 3대 방향으로 설정한 바 있다. 이 역시 현장의 헌신에 의해서 새롭게 그 역사가 쓰여 갈 것으로 생각된다. 그래서 그 현장의 고투에 든든한 반려자이자 병풍이 되는 역할을 새삼 다짐해보게 된다.

  그런 취지에서, 책을 집필해야겠다고 처음 마음먹었을 때 교육감 조희연이 아니라 내가 만난 23명, 이분들께서 주인공이 되는 책을 쓰고 싶었다. 그래서 직접 한 분 한 분 만나야겠다고 다짐했던 것이다. 경청하며 감사함을 전해야 했다. 그렇게 탄생한 책이 바로 이 책,《지금 만나러 갑니다》이다.

　만나러 가보니 알았다. 그분들의 마음을. 다만 늦지 않게 만나서 천만다행이라는 생각도 들었다. 만나자마자 반갑게 웃으며 맞아주셨으니 말이다. 23명, 이은자, 오현록, 김민혁, 강방식, 김영희, 한얼, 최다솜, 이은지, 어머니, 임강온, 남인숙, 박주미, 김승회, 배성호, 방태령, 김소영, 박가현, 신미경, 구성애, 이하정, 전해림, 김태은, 남채원 님에게 이 책을 전한다.

— 2022년 서울시 교육감
조희연

차례

프롤로그 늦지 않게 만나러 갈 수 있어서 다행입니다 ······ 004

1 미래를 준비하는 혁신교육

코로나 시대의 교육 어벤져스 | **강방식**(동북고 교사) ············ 015
교원학습공동체 '내부자들' | **한얼**(창덕여중 교사) ················ 035
모든 교과가 모여 뮤지컬을 만들다 | **임강온**(동구여중 교사) ···· 051
공차소서 | **전해림**(난우중 교사), **김태은**(학생), **남채원**(학생) ············ 067
교육 공간 자체가 교육 콘텐츠 | **김승회**(서울대 교수) ············ 081
글로벌현장학습으로 세계로 나아가다 | **구성애**(호주 용접사) ·· 095

2 모두의 가능성을 여는 책임교육

학교 가는 길 | **이은자**(강서퍼스트잡지원센터 센터장) ················ 105
'정의로운 차등'이라는 안전벨트 | **김영희**(대학생) ············ 125

'온마을'이 키운 날라리 | **최다솜**(대학생) ·················· 137

'꿈'을 찾다 | **이은지**, 어머니 ·················· 151

아이들 밥값 1만 원의 꿈 | **남인숙**(동원중 교사) ·················· 161

상처받은 아이들의 마지막 보루 ·················· 173
| **박주미**(성모샘병원 원장·치유학교 샘 교장)

3 소통과 공존의
민주시민교육

이란 난민, 친구들과 자유의 길을 열다 ·················· 189
| **오현록**(아주중 교사), **김민혁**(대학생)

학생의, 학생에 의한, 학생을 위한 학교 | **배성호**(송중초 교사) · 205

청소년기후소송에서 생태전환교육까지 ·················· 219
| **김소영**(성대골에너지전환운동 활동가), **방태령**(대학생)

배움은 랜선을 타고 세계로, 세계로 ·················· 231
| **박가현**(중평중 교사), **신미경**(배화여고 교사)

슬기로운 농촌생활, 더 슬기로운 농촌유학 | **이하정**(학부모) ·· 243

부록 교육감의 목소리 ·················· 255

미래를 준비하는

혁신교육

코로나 시대의
교육 어벤져스

_ 강방식(동북고 교사)

원격수업과 혼합수업은 디지털 기반의 교육기술을 활용하여 21세기를 살아가는 우리 아이들에게 더 나은 교수학습 환경을 제공하면서 중단없이 안정적인 정규 교육과정을 운영하고 인공지능을 활용한 개별 성장 맞춤형 교육의 토대를 만들 수 있는 정책임. 강방식 교사는《중등 2020 배움과 성장이 있는 블렌디드 수업 도전하기》라는 정책자료집을 만드는 데 있어 핵심적인 역할을 하여 팬데믹 위기에 혼란을 겪고 있는 교육현장에 큰 도움을 주었던 주역임.

교육감(이하 '교')　선생님 안녕하세요. 본인 소개와 함께 오늘 인터뷰 주제인 블렌디드 수업에 관하여 설명해주실 수 있을까요? 블렌디드 수업을 설계하는 데 큰 도움을 주신 것으로 알고 있습니다.

강방식(이하 '강')　저는 동북고등학교에서 윤리와 통합사회를 가르치고 있는 교사입니다. 그리고 여러 가지 융합 수업이나 세계시민교육과 관련된 활동도 하고 있습니다. 교육청에서 요청한 자료집을 집필하기도 하고 교육과 관련된 다양하고 창의적인 활동에도 많이 참여하고 있습니다. 블렌디드 수업은 급작스러운 팬데믹 위기 속에서 아이들을 어떻게 제대로 가르칠까 하는 고민 끝에 나오게 된 수업 방식 중 하나입니다. 학교 현장은 대면수업과 비대면수업의 전환이 계속 혼용되어 힘든 상황이었습니다. 그래서 대면수업과 비대면수업의 유기적 연결을 통해 하나의 아름다운 수업을 만들자는 목적 의식을 가지고 진행하게 된 교육 정책이 바로 블렌디드 수업입니다.

교 선생님 말씀대로 급작스러운 팬데믹 위기가 교육공동체에 엄청난 혼란을 가져온 것이 사실입니다. 학교에 갈 수 없는 상황에서 어떻게 교육을 이어가야 하는지 모두가 치열하게 고민했고, 선생님처럼 선도적으로 아무도 가지 않았던 길을 열어가신 분들이 계십니다. 《중등 2020 배움과 성장이 있는 블렌디드 수업 도전하기》라는 자료집까지 제작하셨는데 어떠한 계기로 자료집을 준비하셨나요?

강 자료집을 준비하던 당시 혼란과 공포 분위기가 아직도 생생히 기억납니다. 코로나바이러스의 등장으로 개학이 몇 달 늦춰지고 학부모와 학생 모두가 불안해 하던 상황이었습니다. 마찬가지로 교사들은 이 예상치 못한 재난에서 어떤 방식으로 수업을 일구어 나가야 할지 엄청난 고민을 하고 있었죠. 처음으로 '원격수업'이라는 형태의 수업 방식이 등장하게 된 시기였습니다. 원격수업에도 다양한 수업 형태가 있기 때문에 선생님들은 각자의 방식대로 수업 자료를 만들고 그 과정을 체득하기까지가 엄청나게 힘들고 어려운 일이었습니다. 그러다가 어느 날은 갑작스레 대면수업으로 등교를 해야 하니 매우 혼란스러웠죠. 그때 혼란에 빠지기보다 이 어려움을 지혜롭게 타개하기 위해 서울시교육청 지원과 함께 블렌디드 수업 전담팀이 꾸려지게 되었습니다. 각 과목별로 팀이 구성되었고 어떤 방식으로 대면과 비대면 수업을 적절히 조합해 나갈까 고민하고 연구하게 되었죠. 여러 가지를 고려한 끝에 표준화된 모델이 필요했고 이를 계기로 저희 공동체가 출범했던 것입니다.

교 팀 멤버 얘기하시니깐 당시 상황에서 거의 마블 영화 속 어벤져스 같은 느낌이셨을 듯해요. 어떤 분들이 함께하셨는지 너무 궁금해지는데요. 조금 더 자세히 설명 부탁드립니다.

강 거의 어벤져스였죠. 그랬었죠. (하하) 기본적인 수업 역량을 갖춘 선생님들이셨고 거기에 더해 평소 다양한 정보화기기를 활용해 차별화된 수업을 해보신 경험이 있는 선생님들을 팀원으로 모시게 되었습니다. 예를 들면, '거꾸로 수업'과 같은 수업 경력이 있는 분이시죠. 본인이 직접 수업을 영상으로 촬영해 특정 플랫폼이나 사이트에 올리면 학생들이 먼저 그 영상을 바탕으로 공부한 뒤, 실제 수업에서 토론이나 여러 가지 활동을 병행해 수업하는 방식인데 이렇게 진행해 보신 선생님들께서 팀에 많이 참여하셨습니다.

교 자료집에 실린 실제 사례나 기억에 남는 비하인드 스토리 등을 소개해주실 수 있을까요? 물론 힘드셨던 얘기를 해주셔도 좋습니다. 주마등처럼 스쳐 지나가는 기억들이 있을 듯합니다. 혹시 많이 힘드셨다면 교육감으로서 먼저 사과부터 드리겠습니다.

강 과목별로, 선생님 특성별로, 학교 상황별로 매우 다양한 일들이 있었습니다. 저희가 이용하는 다양한 정보화기기나 구글, 네이버, 카카오톡 등 여러 가지 플랫폼이 많습니다. 그렇다고 너무 독특한 것만 이용하면 표준화하기가 어렵기 때문에 많은 선생님들께서 활용하시던 것들 중에 대중적인 것들을 이용했습니다. 그런데 자료집에 그 방법들을 싣는 과정에서 기본적으로 정보화기기를 잘 활용하는 선생님들은 수업의 전체적인 큰 틀을 보지 않고 한 가지 특성에 포커스를 맞춘 자료집을 만들려고 하기도 했죠. 반대로 정보화기기 활용에 미숙한 대신 실제 수업 역량에 집중한 선생님들도 계셨기 때문에 이런 것들을 고려해 표준화하는 작업이 굉장히 어려웠습니다. 아마 과목별로, 선생님별로 다들 굉장히 힘드셨을 겁니다.

교 선생님들의 노고가 그려집니다. 다시 한번 감사의 말씀을 드립니다. 학생들을 위해, 교육을 위해, 미래를 위해 선생님들이 최선을 다해주셔서 누구도 겪어보지 못한 팬데믹 상황에서도 학습을 이어갈 수 있지 않았나 싶습니다. 그렇다면 특별히 기억에 남는 과목 이야기가 있을까요?

강 특별히 기억에 남는 과목이라기보다 이렇게 준비하는 과정과 함께 실제로 교육 현장에서 적용되는 모습을 보면서 보람을 느꼈습니다. 여러 선생님들께서 한 팀이 된다는 사실에 커다란 자부심을 가져주시면서 자신들의 역량 그 이상을 쏟아내시려 하더라구요. 저의 역할은 그것들을 솎아내고 다듬는 것이었습니다. 학습이라는 것이 욕심만으로 이루어지는 게 아니기 때문에 최적화된 콘텐츠나 비법을 활용해야 하지 백화점에서 '잘 포장된 떡'을 진열하듯이 내실 없는 수업을 만들어 내면 안 된다는 것이 저의 주장이었습니다. 좋은 수업을 기획하려면 그 수업을 중심으로 역량을 키우고 그 역량에 필요한 수업 도구들을 수업의 적재적소에 투입해야 하기 때문에 처음에 불필요한 것들을 제거하는 과정에서 선생님들이 많은 상처를 받으셨습니다. 왜냐하면 그동안 자신들이 해온 방식들을 모두 보여주고 싶은데 핵심적인 부분만 간추려 반영하는 것이 아쉽고 서운한 것이지요. 그런데 나중에 잘 간추린 최적화된 자료집을 보고 나서는 선생님들께서 '와, 정말 근사하네요'라며 굉장한 호응을 보여주시더라구요. 한 선생님께서는 자료집에 나온 새로운 방식을 수업에 바로 응용하겠다 하시며 감탄하시기도 했습니다. 다양한 교과목을 다채로운 방식으로 블렌디드 수업하는 기법과 내용이 골고루 담긴 자료집이었기에 특히 모든 교과목을 가르치는 초등학교 선생님들께서는 활용도가 높다며 굉장히 반가워하시는 것 같아요.

교 코로나 시국이 이렇게 오래갈지 아무도 상상하지 못했고 몇 년 더 지속될 수도 있다고 전문가들은 말합니다. 그렇다면 블렌디드 수업도 1.0에서 2.0을 넘어 3.0버전으로 계속 업그레이드될 것 같은데 선생님께서 예상하시는 발전 방향이나 새로운 고민들은 무엇입니까?

강 고민이 굉장히 많습니다. 블렌디드 수업은 결국 개별화 수업으로 가더라고요. 그동안 학교에서의 대면수업은 모든 학생들의 각자 수준에 맞는 맞춤형 수업이 불가능했습니다. 그런데 이제는 다양한 플랫폼이나 유용한 수업 도구들 덕분에 학생 개개인의 능력이나 역량에 맞는 수준별 교육과 활동이 가능하게 되었습니다. 예를 들어 유용한 학습 도구 중 하나인 패들렛 Padlet(강의 노트 애플리케이션)을 활용해 그동안 학생들이 쌓아온 학습의 흔적을 바탕으로 교사가 수준에 맞게 맞춤형 교육과 적절한 피드백이 가능해진 겁니다. 결국 학생들의 수준별, 개별화 교육이 가능해지는 방향으로 가는 것 같습니다. AI와 같은 인공지능 도구와 정보화 기구를 통해 학생들을 개별적으로 피드백해주는 첨단화된 학습이 가능해진 것이죠. 이전 교사의 역할이 많은 지식을 일방적으로 가르쳐주는 데 그쳤다면 이제는 더 나아가 다양한 형태의 도구나 방식으로 학생들에게 다채로운 개별적, 맞춤형 학습이 가능해진 것입니다. 다음으로 고민하는 부분은 온라인 교육의 균형입니다. 비대면수업에서 가장 힘든 점은 피로감입니다. 온라인 매체를 적절하게 이용하면 긍정적인 효과가 있지만 지나치게 많이 접했을 때 생겨나는 문제점들이 있습니다. 특히 자기조절 능력이 부족한 학생들의 집중력 저하가 큰 문제입니다. 최근 코로나 상황에서 교육의 격차가 벌어지는 큰 원인 중 하나일 것입니다. 이번 수능에서 드러난 변별력 문제도 아마도 코로나 상황에서 온라인 수업이 주였던 만큼 자기조절 능력이 부족한 친구들에게 영향이 가지 않았을까 하는 예상이 가는 거죠. 그래서 이제는 학생들의 자기 통제 능력을 키우고 가르치는 것이 차후에 블렌디드 수업에서 개선해 나갈 중요한 이슈라고 생각합니다.

교 비대면수업을 통해 미래 교육의 모습이 어떻게 바뀔지 너무 궁금합니다. 이미 블렌디드 수업을 통해 그 시작을 알리기는 했는데요. 인간다운 교육과 인간의 본질적인 모습에 대한 철학적인 고민 사이에서 교육은 어떠한 모습으로 발전해 갈까요?

강 제가 '세상은 어떻게 끝이 날까'라는 질문으로 미래에 대한 책을 썼는데 이때 느낀 점이 인공지능 시대, 합성생물학 시대, 메타버스 시대 등 미래에 대해 이야기를 하기 위해서는 인간의 근본적인 특성이 무엇인지에 대해 탐구해야 함을 절실히 느꼈습니다. 그래서 최근에는 진화적 차원이나 역사적 차원에서 과거를 탐구하는 데 흥미가 있습니다. 우리 인간의 DNA는 도대체 무엇일까? 이런 질문에 대한 답으로 구석기 시대의 DNA를 생각해봤습니다. 700만 년 전, 침팬지의 조상과 우리 호모 사피엔스의 조상이 갈라지기 시작하면서 700만 년 동안 호모 사피엔스가 진화해온 과정 속에서 갖게 된 능력, 곧 인간다움은 바로 구석기 시대 699만 년 동안 적응해서 살아남은 DNA라고 생각했습니다. 그렇다면 그 DNA가 과연 무엇인가? 그게 바로 블렌디드와 연관지어 말씀드리면 '우리가 무엇을 믿고 무엇을 받아들이느냐'입니다. 인터넷이나 비대면 수업을 온전히 받아들이는 것을 우리 구석기 DNA가 과연 받아들일까 하는 고민을 했습니다. 저는 받아들이기 어렵다고 생각합니다. 그 이유를 구석기 시대 인간들의 사냥을 비유해 말씀드리겠습니다. 구석기 시대 인간들이 사냥을 할 때 한 달에 2~3번 성공하는 게 쉽지 않았습니다. 거의 실패하는 경우가 많고, 동굴 안 모닥불 앞에서 동료들과 사냥에 실패한 경험담에 대해 얘기를 하겠죠. 만약 바로 옆 동료가 멧돼지 사냥에 실패한 것을 끊임없이 말하고 다른 동료는 작은 토끼 한 마리라도 잡아온 것에 대해 말하고 있다고 가정해보십시오. 그렇다면 우리는 실패한 멧돼지 사냥에 대해 계속 물어볼까요? 아니면 실질적으로 작은 토끼 한 마리를 잡은 동료와 얘기하면서 토끼고기 한 점이라도 얻어먹으려 할까요? 당연히 작은 토끼고기 한 점이라도 얻어먹으려 할 겁니다. 다시 말해 잡지도 못한 가상의 멧돼지에 집착하는 것이 아니라 실체, 즉 실재하는 실체에 더 관심이 가는 건 우리 인간의 본능이자 자연스러운 행위라는 것입니다. 한마디로 구석기 DNA를 지닌 지금 시대의 인간들은 여전히 보이지 않는 것을 온전히 받아들이지 않는 속성을 지녔다는 것이죠. 코로나 시국으로 인해, 비대면 시대인 지금이 어쩔 수 없는 상황이지만 비대면 시대가 지나치게 지속되고 과해지면 잡지 못한 멧돼지를 생각하듯 급작스럽게 관심도 없어지고 실체감도 떨어지며 피로해지는 한계상황에 부딪힐 것입니다. 그래서 온라인과 실제 현장 수업의 중간 지점을 찾아가는 것, 균형을 찾아가는 것이 비대면 시대 교사들의 가장 주된 고민거리이자 화두라고 생각합니다. 현재 학생인 제 아들의 경우에도 비대면수업에서 다양하고 훌륭한 콘텐츠들을 많이 접하지만 제가 수업에 대해 질문하면 정확히 이해하는 것 같지는 않더라고요. 하지만 상대적으로 대면수업에서 배운 것에 대해 질문하면 곧잘 이야기합니다. 분명한 건 대면수업과 비대면수업이 절대 편향되는 방향으로 나아가서는 안 되고 다양한 최첨단 플랫폼이 만능이 아니라는 것을 비판적으로 인지해야 합니다. 그래야 우리가 진정으로 목표하는 학생들의 내실 있는 학습 역량 고취가 가능하지 않나 싶습니다.

교 구석기 DNA부터 미래 교육의 방향성까지 분석해주신 통찰력에 감명받았습니다. 정말 감사합니다. 그렇다면 단도직입적으로 코로나 시국이 끝나도 블렌디드 수업이 지속이 될까요?

강 저도 비대면수업을 지속적으로 하다 보니 이전에는 미숙했던 온라인 수업의 촬영 기법에 차츰 익숙해졌습니다. 그래서 이제는 지금까지 축적해온 저의 아이디어나 수업 기법이 아깝더라고요. 온라인 수업을 활용했을 때 이전보다 더 큰 도움이 되는 것을 인지하고 있는 거죠. 동료 선생님 한 분이 예전에 생활기록부를 기록할 때 종이로 된 학생활동지를 가지고 번갈아 보면서 직접 기록했었는데 이제는 학생들이 한 학기 동안 축적해온 과제물이 담긴 온라인 학습 플랫폼인 패들렛을 참고해 기록하는 변화가 생겼다고 하시더라고요. 또 다른 긍정적인 점은 예전에는 유명 강사님들을 학교 현장에 모셔서 수업하려면 서울에 있는 분들만 모셔야 했는데 이제는 지방에 계신 훌륭한 선생님들의 원격 강의를 바로 들을 수 있는 기회가 생겼다는 것입니다. 그래서 제주도, 강원도, 대전과 같은 먼 지방에 계신 전문 강사분들도 줌Zoom(화상채팅 애플리케이션)을 통해 온라인으로 강의와 피드백을 제공하고 학생들끼리 영상 토론도 하며 실제 현장 수업 못지않은 수업이 가능해졌습니다. 그래서 저희가 작년과 올해, 이런 방식의 블렌디드 수업을 실천했습니다. 여러 가지 자료와 활동을 고안해 시작해봤는데 학생과 선생님들 모두에게 굉장히 호응이 좋았습니다. 다양한 소통 형태를 창출한 것이죠. 이번에 제가 또 관심을 갖게 된 분야 중 하나가 네이버 메타버스 제페토입니다. 학생들의 메타버스 교육을 위해 영화감독님을 모시고 제페토 안에서 자기 캐릭터를 만들고 자기만의 이야기와 주제를 가진 영화를 제작하는 수업을 진행했습니다. 자기 스스로 이야기를 구성하고 편집해 하나의 작품을 만드는 것이죠. 아이들 스스로 재미있어하고 수업에 대한 반응이 굉장히 좋았습니다. 이 수업을 이끌어주셨던 영화감독님과 이야기를 나누면서 내년에는 학생들에게 학교 홍보 제작을 메타버스로 해볼 것을 기획하고 있습니다. 이 경험을 통해 수업에서 다양한 형태의 활동들이 이루어질 수 있다는 것을 알게 되었습니다. 그래서 코로나 상황이 종식되더라도 블렌디드 수업을 통해 학교 현장에서 학생들에게 긍정적인 효과를 거둔 새로운 수업 기법이나 플랫폼은 알차게 계속 활용될 것 같습니다.

교 블렌디드 수업은 선생님들께서는 좋아하실 만한 교육 시스템일 수 있지만 학부모 입장에서는 성적 하락을 우려할 수도 있는데요. 학생 및 학부모들의 반응과 현장에서 느끼는 체감에 대해 말씀해주실 수 있을까요?

강 사실 이런 새로운 형태의 수업 기법이나 블렌디드 수업을 최상위권 학생들은 좋아하고 잘 활용하더라고요. 반면 성적이 중간 그룹 이하의 학생들은 잘 활용하지 못하는 게 사실입니다. 이는 코로나 시대 전 세계 교육 현장의 문제일 것입니다. 그래서 당연히 중위권 이하에 속해 있는 학생들의 학부모들 불만이 있기 마련입니다. 예전에는 아이들의 지식적 측면에만 신경 썼지만 이제는 학교가 아이들의 마음을 비롯하여 총체적인 모든 것을 다뤄야 하는 시대가 도래했습니다. 아주 간단하게 생각하면 비대면수업을 할 때 아이들 스스로가 '핸드폰으로 게임을 하거나 다른 짓을 하지 않고 내가 열심히 들어야겠다' 그런 마음을 잡아주는 것에 대해 그동안 선생님들이 그다지 신경을 쓰지 않았습니다. 그러나 이제는 아이들이 집중하고 그런 마음을 갖게 하는 데 도움을 주는 것이 매우 중요한 시대가 되었죠. 올해 동북고, 보성고, 정신여고, 명일여고에 근무하시는 선생님들이 아이들의 집중력과 창의력 증진을 위한 정기토론회를 열었습니다. 바로 마음의 회복탄력성을 키워주는 활동을 본격적으로 시작한 거죠. 그래서 아이들끼리 각자 자기들의 마음을 스스로 통제하고 다루는 마음 근육을 키워주는 방법을 찾고 고민하는 활동을 진행했습니다. 학생들의 회복탄력성을 키워주는 이유는 미래는 우리가 예측할 수 없는 것들이 생겨나기에 그것을 이해하고 분석하고 창의적으로 해결해 나가는 실천력을 키워주는 것이 더 절실해지는 시대이기 때문입니다. 아무리 실패해도 다시 딛고 일어나는 회복탄력성을 키워주는 것이 매우 중요한 화두인 거죠. 수업을 열심히 듣지 못하는 것은 실패를 딛고 다시 일어나는 힘이 부족하고 자존감이 낮은 이유도 있기 때문이죠. 이제는 선생님들이 지식을 가르치는 것만이 중요한 것이 아니라 아이들의 마음을 어루만져주는 것과 마음의 근육을 키워주는 것이 필요한 '회복탄력성 교육의 시대'라고 감히 말씀드립니다.

교 정말 좋은 이야기입니다. 그리고 적절한 때에 우리 모두가 고민해야 할 교육적 화두임에 분명합니다. 하지만 선생님들만으로는 부족한 점이 많으리라 생각합니다. 마음 근육, 회복탄력성과 같은 심리학적 키워드는 역시나 전문가들이 함께 고민하고 노력할 필요가 있습니다.

강 맞습니다. 이러한 이유로 앞으로는 학교 내 아이들의 학업 성취도를 위해 심리적인 면을 보듬어 줄 수 있는 심리전문가와 같은 외부 전문가의 도움을 받으려고 합니다. 이전에는 학교 내 선생님들이 모두 커버하려고 했지만 이제는 전문가의 도움이 반드시 필요하다고 생각합니다. 학교 현장도 다양한 전문가들의 개입과 유기적인 협력을 통해 학생들의 능력과 성장을 독려해야 하는 게 중요한 과제인 거죠. 아이 하나를 키우려면 마을 전체의 도움이 필요하다는 유명한 말이 있지 않습니까? 우리는 이제 아이들의 질적 성장을 위해서라도 아이 하나를 사회 전체가 키운다는 마음을 가지고 시민사회와 정부가 협력하고 노력해야 합니다.

교 강 선생님은 학생활동 중심의 독서, 토론 및 글쓰기, 융합 수업 등에 관심이 많다고 들었습니다. 조금 더 구체적으로 이야기하고 싶은데요. 디지털 도구를 이용한 원격 독서토론은 어떻게 진행되었을까요? 실질적인 사례 분석과 이해를 통해 블렌디드 수업의 가치와 의의가 더욱 드러날 것 같네요.

강 코로나 위기 속에서 학생들이 책을 읽고 생각하고 토론하는 활동을 비대면으로 해보니 충분히 가능성이 있다고 결론 내렸습니다. 2020년부터 2년 동안 줌을 통해 원격 독서토론 수업 경험이 없는 선생님들께 직접적으로 도움을 드려 수업이 잘 진행되도록 했습니다. 실시간 줌을 통해 진행된 독서토론은 실제 수업 못지않게 활발한 토론과 즉각적인 피드백, 그리고 활동지 작성까지 잘 이루어졌고 원격으로도 충분히 수업이 가능하다는 결론을 내린 성공적인 사례였습니다. 그래서 블렌디드 수업은 대면수업만큼 충분히 유용하고 코로나 시대가 끝나도 지속될 가능성이 크다고 생각합니다. 이제는 블렌디드 수업을 통해 우리 교육이 조금 더 세계화 될 수 있겠다는 발전적인 생각도 들더라고요. 그래서 시대적 화두가 되고 있는 평화교육을 위해 일본, 중국, 독일, 아일랜드 등 해외 학교와도 협력과 교류가 가능하겠다는 생각을 했고 그러한 시도를 진행하려고 기획하고 노력 중입니다.

교 블렌디드 수업에 대한 선생님의 의견과 비전을 경청하다 보니 우려되는 부분이 있습니다. 비대면수업에 소극적이고 집중력이 약한 학생들을 위한 대안이 있을까요? 그러한 학생들을 결코 외면할 수는 없으니까요.

강 저뿐만 아니라 많은 동료 교사들이 가장 우려하는 부분입니다. 저도 솔직히 굉장히 힘듭니다. 현재까지 엄청나게 특별한 해결책을 갖고 있지 않기에 여전히 고심하고 있는 부분입니다. 하지만 약간의 희망을 갖고 있기는 합니다. 사실 수업을 하다 보면 대면이라고 모두 열심히 하는 것도 아니고 비대면이라고 모두 불성실하게 구는 것도 아닙니다. 아이들의 특성과 성향이 있더라고요. 오히려 비대면일 때 적극적인 아이들도 의외로 많습니다. 대면수업에서는 발표나 의견을 말하는 것이 쑥스러워 소극적으로 참여하는 반면, 비대면수업에서는 적극적으로 활발하게 의견을 표출하는 아이들도 있습니다. 그래서 앞으로는 선생님들이 비대면에서 적극적으로 참여하는 학생들이 분명 있다는 것을 인지하고 이 아이들을 위해서라도 대면수업과 더불어 비대면수업을 적극 활용하는 방안을 구상해야 합니다. 집중력이 약한, 마음 근육이 약한 친구들도 정말 쉽지 않겠지만 희망의 끈을 놓지 않고 함께 가는 방안을 지속적으로 생각해야겠지요. 여전히 해결책을 못 찾았기에 저의 큰 숙제죠. 아마도 이 문제를 해결하는 사람은 노벨평화상을 받을 수 있을 겁니다.

교 서울시교육청이 이번에 '블렌디드 수업'을 전체적으로 기획하고 구성했을 때 어떤 부분이 좋았고 어떤 부분이 아쉬웠는지 허심탄회하게 말씀해주실 수 있을까요? 아무래도 장기 프로젝트인 만큼 수정, 보완은 필수겠지요. 마음의 준비 단단히 하고 경청하겠습니다.

강 역량을 단시간에 지나치게 쏟은 것 같습니다. (하하) 그런 자료집 하나가 세상에 나오려면 최소 6개월에서 1년이 걸립니다. 그런데 그것을 두 달여 만에 만들다 보니깐 육체적으로 심리적으로 너무 힘들었습니다. 퇴근 후 집에서도 자료집을 만드느라 쉬지도 못했죠. 너무 짧은 시간 안에 독촉하듯 요구하는 상황이 앞으로도 지속될까 우려됩니다. 물론 자료집을 만들기 시작한 당시는 코로나라는 특수한 위기 상황이었기에 선생님들이 일심동체가 되어 빠르게 만들어 낸 것이지 사실, 일반적인 상황에서는 거의 불가능합니다. 그러니 이런 성과를 절대 일반화해서는 안 됩니다. 한마디로 장기적인 관점에서 이런 프로젝트를 하게 될 경우 절대 독촉하듯, 마치 '번갯불에 콩 구워 먹듯' 빠르게 진행해서는 안 된다는 점을 말씀드리고 싶습니다. 선생님들의 능력과 역량은 충분하지만 천천히 여유 있게 해주시기를 부탁드립니다. 더불어 칭찬해드릴 점도 당연히 있습니다. 서울시교육청에서 이 자료집을 만들어 전국 학교에 배포했기 때문에 학교 교육 현장에 엄청난 도움이 되었습니다. 코로나 시국의 교육에 나침반이자 대표 모델이 된 거죠. 제가 현재 집필 중인 '세계 시민 자료집'과 같은 자료도 교육청에서 만든 블렌디드 자료집을 많이 참고해서 작업하는 중입니다. 아마도 선생님들께서 가장 많이 다운로드받은 자료집일 것입니다. 교육청의 이번 자료집은 그 성과와 활용도가 이루 말할 수 없습니다.

교 2020년에 이어 2021년 자료집도 나올까요? 그때는 최적의 환경에서 작업하실 수 있도록 노력하겠습니다.

강 그럼요. 이것과 관련해서 후속 작업이 굉장히 많습니다. 아까 말씀드렸듯이 자료집이 선행 모델이 되어 각 분야에서 서울을 넘어 전국 지역으로 확산되고 있습니다. 블렌디드 수업에서 얻은 효과를 대면수업에서도 실질적으로 잘 활용할 수 있는 것에 대한 내용도 나와 있습니다. 저도 자문도 하고 있고 여러 가지 자료집들이 계속 나오는 것으로 알고 있습니다.

교 마지막으로 질문드립니다. 선생님께서는 앞으로 블렌디드 수업에서 어떤 역할을 하시고 싶으신지, 그리고 어떤 방향성을 생각하고 계신지 말씀 부탁드립니다.

강 저는 '진짜 교육이 무엇일까?', '교육은 학생들의 무엇을 키워주어야 할까?' 등 스스로에게 이런 질문들을 많이 합니다. 학생들의 기본적인 역량을 '지식, 기능, 가치 및 태도'라고 봤을 때 이제는 지식 중심의 교육을 넘어 교육자들이 '기능, 가치 및 태도'를 함께 성장하게 해주는 방향으로 나아가야 한다고 생각합니다. 다시 말해, 학교 현장에서 교육이 그러한 역량을 키워주는 방향으로 나아가는 것이 전제가 되어야 지금 진행 중인 블렌디드 수업이 진정한 효과를 얻을 수 있다는 것이죠. 만약 그렇지 않고 지식 함량에만 치우쳐 교육하게 되면 오히려 교육적 효과가 떨어질 수 있고, 심지어 인공지능 시대에 AI교사들에 의해 호모 사피엔스 교사들이 학교 현장에서 퇴출될 수도 있음을 명심해야 합니다. 참 아이러니하게도 코로나라는 위기 상황이 우리 선생님들에게 학교 현장에서 그동안 수업을 잘해 왔는가에 대한 성찰의 계기를 줬다고 생각합니다. 그래서 학생들의 다양한 역량을 키워주는 방향으로 나아가야 하고 블렌디드 수업을 통해 새롭게 도입된 교육플랫폼이나 유용한 정보 도구들을 활용해 우리나라 땅덩어리 및 사이버 세상 전체가 유기적으로 연결된 학습 공간이 되어야 하는 것이죠. 더 나아가 온라인 학습 공간을 잘 활용해서 해외 학생들과 적극적으로 소통할 수 있는 기회도 만들어야 합니다. 앞서 말씀드렸듯이 제페토 메타버스 플랫폼의 사례처럼 온라인 내에서 학생들이 개성을 뽐내며 역량을 충분히 키워줄 수 있는 이전에 없던 새로운 세상을 준비해야 하구요. 물론 엄청난 두려움도 동반합니다. 가장 우려되는 것들 중 하나는 이 새로운 시대에 아직 적응하지 못한 일선에 있는 선생님들입니다. 새로운 현장에 제대로 대응하지 못한 선생님들도 있기에 정부나 교육부에서 선생님들의 역량을 키워줄 수 있는 적극적이고 구체적인 지원이 필요합니다. 다시 말하면 현재 적응을 잘하고 있고 새로운 정보화기기 등의 수업 도구들을 잘 활용하는 선생님들의 아이디어를 일선 학교 현장에서 효과적으로 활용할 수 있도록 지원해줄 수 있는 체제가 잘 구축되어야 합니다. 이에 발맞춰 교사뿐만 아니라 여러 상황에 유연하게 대응할 수 있는 교육부 자체의 역량도 함께 키워 상생하는 교육 시스템을 만들어야 하는 것이 우리 교육자들 모두가 앞으로 노력해야 할 고민이라고 생각합니다. 교육은 단기적 차원의 정치적 논쟁의 도구로 전락되어서는 안 되고, 지나간 인류 및 생명의 역사를 탐구하여 미래에 적합한 교육철학을 세우고, 장기적 차원의 경제적 지원을 통해 학교 현장에서만큼은 인격적 만남이 가능할 수 있도록 해야 합니다.

교원학습공동체 '내부자들'

_ 한얼(창덕여중 교사)

교원학습공동체는 학교 공동체의 행복한 성장을 위하여 공동의 가치와 비전을 갖고 함께 연구·실천·나눔을 하면서 전문성을 신장시켜 나가는 교원들의 자발적·협력적 학습공동체를 말하며, 크게 학교 안 교원학습공동체, 학교 간 교원학습공동체로 나눌 수 있음. 인터뷰 주인공인 창덕여중의 한얼 선생님은 한국교원대 혁신교육정책대학원의 교사들이 모여 만든 학교 간 교원학습공동체 '내부자들'의 일원으로 활발히 활동하고 있음. '내부자들'은 학교정책 리터러시 팟캐스트 모임.

교   한얼 선생님, 반갑습니다. 이름이 아주 멋지십니다. 우리 교육에 너무나도 잘 어울리는 멋진 이름을 갖고 계신 멋진 선생님과 인터뷰를 하게 되어 제가 더욱 영광입니다. 이렇게 귀한 시간 내주셔서 감사드립니다. 우선 간단히 자기소개 부탁드립니다. 더불어 '학교 간 교원학습공동체'에 대한 인터뷰인 만큼 이에 대한 간략한 설명도 부탁드립니다.

한얼(이하 '한')   안녕하세요. 저는 창덕여자중학교에 재직 중인 국어교사 한얼입니다. 현재 학교 간 교원학습공동체 활동을 하고 있습니다. 이 공동체는 '내부자들'로 불리고 있기도 합니다. 한국교원대 교육혁신 전공 대학원 과정을 거친 15명의 교사가 소속되어 있고 다 함께 오디오 팟캐스트, '내부자들: 학교정책 리터러시'를 운영하고 있습니다. 교육정책을 교사의 시선으로 낱낱이 파헤쳐 보고 좀 더 자세히 알아보자는 목적으로 시작하게 되었습니다.

교   '내부자들: 학교정책 리터러시' 이 팟캐스트 제목은 어떤 단어

조합으로 이루어졌으며 어떤 의미가 있는 걸까요?

한 교육정책의 최종 목적지가 학교이기 때문에 그것을 실현하는 우리 교사들이 교육정책에 대해 바르게 알고 있지 않으면 아무리 좋은 정책이라도 이를 구현하는 과정에서 본래의 목적이 훼손되는 경우가 생기는 것 같습니다. 그래서 교육청의 정책에 대해 제대로 알고 이해해야 할 필요성을 느꼈습니다. 그리고 학교에서 교육활동을 하면서 수많은 공문을 일일이 살펴보면서 이를 심층적으로 이해하고 목적을 제대로 아는 것이 현실적으로 어려운데요. 그래서 저희가 나서서 이 어려움을 조금이나마 해결하고자 팟캐스트를 만들게 되었습니다. 교육청의 입장을 듣기에 앞서 교사의 시각에서 접근해 학교 내부에서의 실질적인 적용과 필요성의 유무에 대해 논의하기 위한 목적이 가장 크고요. '내부자들'이라는 이름은 곧 우리 교사들을 말하는 것인데요. 다시 말해 내부자의 시각에서 비판적으로 바라보겠다는 의미를 담고 있습니다.

교 낱낱이 파헤쳐 보자고 하셨는데 그동안 어떤 것들을 밝혀내셨나요? 교육감의 입장이라 그런지 살짝 긴장됩니다.

한 저희가 20개의 클립을 올렸습니다. 교육청에서 위탁하여 연구를 진행한 '서울혁신정책 10년 연구'라는 보고서부터 시작해서 학교업무정상화 공문, 혁신학교와 비혁신학교인 일반 학교에 근무 중인 선생님들의 학교 간 비교를 다루기도 했습니다. 혁신학교와 일반 학교 간 문화와 교육 과정의 차이에 대한 것이죠. 또한 저희는 대학원 과정을 통해서 만났기 때문에 혁신교육전공 대학원에 대해 다루기도 했습니다.

교 혁신전공 대학원은 제가 교육감으로 재직하면서 건국대, 성공회대, 한국교원대와 MOU를 맺어 신설한 과정인데요, 한얼 선생님은 어느 학교에서 공부를 하셨나요?

한 저는 한국교원대에서 공부를 했고요, 2018년에 입학한 1기 졸업생입니다. 저희 내부자들은 1기 졸업생들로 구성되어 있습니다.

교 앞에서 혁신학교와 비혁신학교라는 표현을 사용해주셨는데요, 독자들을 위해 혁신학교가 무엇인지, 또한 교사의 입장에서 봤을 때 일반학교와 혁신학교의 차이는 어떤 차이가 있는지 설명해주시겠어요?

한 혁신학교는 정책으로 출발한 것이 아니라 교육의 본질에 대해 비판적으로 탐구하는 교사들이 시작한 일종의 혁신운동에서 출발했다고 알고 있습니다. 당연히 처음에는 사람들의 관심에서 벗어난 작은 학교에서부터 시작할 수밖에 없었고요. 교육감님께서도 아시다시피 이러한 교사들의 자발적인 혁신 운동들이 교육감 직선제 시기와 맞물리며 경기도에서부터 정책화되었고, 서울을 비롯한 다른 지역까지 확산되었습니다. 교사의 입장에서 봤을 때 혁신학교든 일반학교든 교육적으로 추구하는 이상이나 본질은 다르지 않다고 생각합니다. 다만 그것을 보다 잘 구현할 수 있도록 정책적으로 뒷받침하는 것이 혁신학교라고 생각합니다.

교 현장에서 바라보는 혁신학교 정책에 대해 조금 더 자세히 말씀해주실 수 있나요?

한 교육감님께서 훨씬 잘 아시겠지만 교육청에서 예산을 지원받은 서울형 혁신학교는 일반 학교와 비교했을 때 교육정책에 대한 예산과 교원 수급에서 차이가 있고요. 그렇다보니 일반 학교에 근무하는 교사 입장에서는 조금 서운한 감정이 들 수도 있습니다. 하지만 그렇게 지원을 받는 혁신학교 중에서도 그 취지에 맞게 잘 운영되는 학교가 있고 상대적으로 조금 부족한 일명 '무늬만 혁신학교'도 존재합니다. 현실이 이렇다 보니 혁신학교의 양적인 확산에 집중하기보다는 취지에 맞게 잘 운영하고 있는 학교들을 집중적으로 지원하는 것이 맞지 않나 하는 시각도 있습니다. 개인적으로도 공감하는데요. 어쨌든 처음에는 혁신학교만 있었는데 지금은 여러 명칭으로 분화되어 혁신자치학교, 혁신미래학교, 마을결합형혁신학교 등의 정책용어로 나뉘기도 합니다. 여기에 학교 자체만 이루어지는 것이 아니라 학교를 둘러싼 공동체, 마을과 함께 이루어지는 것이 혁신학교운동의 본래 목적이기도 하다 보니 서울형 혁신교육지구를 비롯한 구청과 결합한 지역사업과 연결되는 정책도 존재합니다. 어떻게 명명하든 학생들을 보다 학교에서 잘 교육하겠다는 노력으로 봐주시면 될 것 같습니다.

교 그렇다면 자발적인 학교 문화 조성에 필요한 정책과 외부동력에 대해 어떻게 생각하시나요? 그리고 혁신학교에 대한 서울시교육청의 행정적인 역할들은 어떻게 보시나요? 확실히 느끼시는 장단점이 있을 듯한데요.

한 혁신학교 정책이 시작되면서 학교 문화 자체가 상당히 민주적으로 바뀐 것은 맞습니다. 이전 학교 문화에 비해 최근 10년 간의 변화가 굉장히 두드러진다고 생각합니다. 그 변화 중 하나가 토론이 있는 교직원 회의, 즉 학교 내에 자리 잡기 시작한 민주적인 토론 문화입니다. 작년에도 이러한 내용을 포함한 학교 업무 정상화에 관한 공문이 총 4차례에 걸쳐 내려왔는데요. 학교 내 토론 문화를 조성하여 민주적인 학교 문화를 만들 수 있는 좋은 정책이라고 생각합니다. 민주적인 학교 문화를 만들다 보면 자연스럽게 교장에게 집중된 권한이 선생님들에게 분산될 수밖에 없는데요. 이에 대해 부정적인 생각을 가진 교장, 교감 선생님이 있는 경우 이러한 교육청의 공문이 민주적인 학교 문화를 만들고자 하는 교사들에게 큰 도움이 됩니다. 그러나 사실 교육청에서 학교의 환경을 바꾸는 것은 한계가 있기 때문에 교사의 자발성이 함께 발현되어야 한다고 생각합니다. 특히 교사는 여느 다른 직업군처럼 보수나 승진으로 외적 보상을 줄 수 없기 때문에 결국 교사의 내적 동기가 생겨야하는데요. 결국 학교 문화를 바꾸는 것은 자발적으로 움직이는 교사들과 이러한 교사들의 리더십이 발현될 수 있는 공동체, 즉 교사학습공동체를 통해 동료들끼리 영향을 주고 받으며 내적 동기가 생기고, 교사의 자발성이 발현될 수 있다고 생각합니다. 이러한 교사의 자발성은 민주적인 학교 문화에서 생길 수 있기 때문에 그 학교 문화라는 것이 중요하다는 것이고요. 민주적인 학교 문화 안에서 교사들이 민주적 효능감을 느껴본 경험이 있어야 학생들을 민주시민으로 길러낼 수 있는 교육이 가능하다고 생각합니다. 교사학습공동체는 교육청을 비롯해 애초에 많은 분들이 생각해왔던 우리나라 학교 문화와 수업 환경의 발전 방향을 모색하는 여정에서 꼭 필요하다는 것을 말씀드리고 싶습니다.

교 그렇다면 지금 이 시점에서 교육청은 어떠한 노력을 더 해야 할까요? 아무래도 현장의 생생한 목소리가 되어 주실 선생님의 의견이 절실합니다.

한 교육청 차원에서 개선할 수 있는 권한이 있는 것인지는 잘 모르겠는데 여전히 학교의 많은 결정 권한이 교장 선생님에게 집중되어 있습니다. 그래서 교장 선생님들이 민주적인 학교 문화에 어떤 생각을 갖고 있는지, 어떤 교육철학이나 목표를 갖고 있느냐에 따라 학교 분위기가 크게 바뀝니다. 선생님들이 함께 오랫동안 학교 문화를 만들어 왔어도 그 문화에 동의하지 않는 교장 선생님이 학교에 새로 부임하게 되면 오랜 시간에 걸쳐 힘겹게 만들어 놓은 것들이라도 하루아침에 사라지는 경우도 있습니다. 이 때문에 새로 부임한 교장선생님과 기존의 교사들이 대립하게 되는 경우도 있는데요, 이런 상황에서 교감선생님이 교장선생님의 말을 충실히 따르는 것을 중요하게 생각하는 분이라면 갈등을 조정하기는커녕 증폭시키게 됩니다. 학교장에게 집중된 권한을 분산시키는 것이 가장 좋겠지만 그렇게 할 수 없다면 혁신학교든 혁신미래학교든 혁신자치학교든 미래 교육의 모델을 만들고자 노력하는 학교에 부임하는 교장, 교감은 그 학교의 철학에 동의하고 이를 긍정적으로 발전시켜나갈 수 있는 분이 오셨으면 좋겠습니다. 교장선생님과 학교 구성원을 비롯해 교사들의 입장이 첨예하게 대립하기도 하지요.

교 충분히 이해 가능한 지점인 듯합니다. 지금도 그 부분이 주요하게 노력하고 있는 부분이지만 정책적으로 정리하고 보완하는 데 적극 참고하도록 하겠습니다. 교육청에서는 현장에서 고군분투하시는 선생님들을 지원하기 위해 대학원 과정을 오픈하였는데요. 그 과정에 대해 상세히 얘기를 나눠 보고 싶습니다. 대학원에 입학하시기 전 기대하셨을 부분들이 있었을 텐데 이와 더불어 전공을 마치고 나서 고민하고 생각했던 것들에 대해 단계별로 얘기해주실 수 있을까요? 아무래도 새로운 정책이 출범하고 나면 이에 대한 현장 목소리가 늘 궁금하고 절실합니다.

한 대학원 입학하기 전과 마친 후의 변화에 대해서는 '내부자들'에서 다룬 적도 있는데요. 저희 모임이 15명의 교사로 이루어져 있는데 언뜻 생각했을 때 15명의 교사 모두가 혁신학교에 근무하거나 모두 혁신정책을 지지한다고 생각하실 수 있을 겁니다. 하지만 사실 그렇지 않습니다. 많은 선생님들이 심적으로 지지하기는 했지만 일부는 혁신학교에 대해 부정적으로 생각하시는 분도 계셨습니다. 혁신학교에 대해 개념적으로는 이해하지만 그 실체나 실용적인 효과에 대해서는 의문을 제기하는 분들도 있었습니다. 혁신학교에 근무하시던 선생님들의 경우에는, 아이들한테 실질적인 도움이 되고 만족도가 높다는 것은 알겠으나 정확히 어떤 지점에서 도움이 되는지 이론적인 것과 철학적인 이해가 부족하다고 느껴서 대학원 과정에 지원한 선생님도 계십니다. 저 같은 경우는 혁신학교에 근무한 것은 아니었고 혁신학교에 근무하신 선생님들의 이야기를 듣고 호기심을 갖고 있던 시기에 대학원에 진학하게 되었습니다. 대학원 수업 자체는 저를 비롯한 많은 선생님들의 만족도가 굉장히 높았습니다. 저희가 공부했던 혁신 전공의 과목들은 교육혁신철학, 민주적 학교문화, 교육과정혁신, 현장연구 등이었습니다. 이론적인 학문이지만 현장과 굉장히 밀접한 공부를 한다는 것이 가장 좋았습니다. 교사로서 경험하면서 고민했던 내용들을 심층적으로 연구하게 되다 보니 저를 포함한 많은 선생님들이 대학원 생활을 통해 소중하고 의미 있는 시간으로 여겼던 것 같습니다. 대학원을 마친 후에 달라진 점은 학교에서 공문이나 정책을 접했을 때 관련 논문이나 연구보고서를 찾아보며 그 의도와 의미를 탐색하려는 자세를 갖게 되었습니다. 아직 혁신학교나 혁신 교육에 대한 교육철학을 정립했다고 할 수는 없지만 교육정책을 바라보는 시야가 넓어지고 그 방향에 대해 얕게나마 파악할 수 있는 통찰력이 생긴 것 같습니다. 특히 제가 다닌 교원대 같은 경우는 계절제 대학원으로 운영이 되었는데요. 방학마다 기숙사 생활을 하며 공부하는 것이 힘들기도 했지만, 학기 중에 지친 몸과 마음을 치유하는 기간처럼 느껴지기도 했습니다. 동료에게 위안도 받고 해결책도 얻게 되는 소중한 시간들이었습니다.

교 혁신교육에 대해 공부하시면서 기억에 남는 해외 사례가 있을까요? 아무래도 입시 위주의 교육이 아닌 전인 교육에 초점을 맞춘 다양한 사례들을 검토해 보셨을 것 같습니다.

한 대학원에서 공부하면서 덴마크의 교육에 대해 간접적으로나마 알아볼 수 있는 기회가 있었고, 워크숍에서 덴마크 교육의 영향을 받아 개교한 꿈틀리인생학교를 방문한 적도 있습니다.

핀란드나 덴마크 등 교육 선진국들의 사례가 우리 입장에서는 부러운 부분도 많았지만 현재가 완벽한 형태가 아니고 더 나은 방향으로 나아가기 위해 끊임없이 노력하고 있다는 점을 확인할 수 있었고, 이 부분이 저에게는 인상적이었습니다. 물론 교사들이 신뢰받는 전문가로서 교육청이나 학교장으로부터 많은 권한을 부여받아 자율적으로 판단하고 결정할 수 있다는 점은 무척 부럽다는 생각이 들었습니다. 경희대 성열관 교수님이 우리나라의 혁신학교를 'innovative school'이 아니라 고유명사로 'hyukshin school'로 쓴다는 영상을 본 적이 있습니다. 우리나라의 혁신학교 정책 역시 10년이 넘어가면서 2.0, 3.0 등으로 발전하고 있는데요. 아직 부족한 점도 많지만 한국의 독특한 학교 모델로서 자리 잡아 나가고 있다고 생각합니다. 다만 지금까지는 민주적인 학교 문화를 조성하는 데 집중했다면 앞으로는 수업과 평가와 관련된 측면의 개선이 필요하다고 생각하는데요. 성취평가제, 과정중심평가, 고교학점제 등이 이러한 부분에 대한 정책적인 접근, 즉 외적인 지원일 것입니다. 하지만 결국 이 부분의 개선은 앞서 밝혔듯이 학습공동체를 통한 내적동기, 즉 교사의 자발성을 통해서만이 가능하다고 생각합니다.

교 그렇군요. 교육청에서도 혁신학교를 지정하려고 하면 반대에 부딪히는 경우가 많습니다. 이런 갈등은 학교 안에서도 존재할 것 같은데요. 어떠신가요?

한 일단 제가 근무하는 학교는 엄밀히 말하자면 '혁신미래학교'인데요. 혁신이라는 글자가 붙기는 하지만 2019년까지는 '서울미래학교'라는 명칭이어서 그런지 학생이나 학부모님 역시 혁신학교와는 조금은 다른 학교로 보는 것 같습니다. 물론 교사 입장에서 지향하는 교육적 목표는 동일하다고 생각합니다. 제가 근무하는 학교의 경우 대부분 수행평가로 이뤄지는 평가 방식에 대해 불만인 학생과 학부모님들이 있는데요. 계속해서 설명하고 설득하는 것 외에는 방법이 없는 것 같습니다. 결국 저희 교사나 학부모님들이나 목표는 같잖아요. 학생들이 잘 성장하는 거고, 잘 되길 바라는 거죠. 교사들 역시 그 누구보다도 학생들이 잘 되길 바라면서 이런 교육활동을 한다고 말씀드리면 대부분의 학부모님들은 이해하고 수긍하시는 것 같습니다.

교 독자분들을 위해 선생님께서 현재 근무 중이신 혁신미래학교에 대해 간단히 설명해주시겠어요?

한 간단히 설명이 가능할지 모르겠습니다. 우선 코로나19 이전부터 태블릿 PC를 활용한 수업을 진행하고 있었고요. 독특한 학교 공간이 많아 그린스마트미래학교의 모델로도 알려져 있습니다. 하지만 가장 중요한 특징은 과정중심평가를 일찍부터 시도하고 연구했다는 것일 것입니다. 과정중심평가라는 것을 설명하는 여러 개념이 있습니다만 그중에서도 학습 과정으로서의 평가, 즉 피드백이 중요한 개념인데요. 교사들이 늦게까지 남아서 학생들을 지도하고, 학생 개개인에게 최적화된 피드백을 하는 등 교사들이 수업과 평가를 통해서 학생들과 자주 소통하려는 노력이 제가 근무하고 있는 혁신미래학교를 잘 설명하고 있다고 생각합니다.

교 초등학교에서 중학교, 고등학교로 갈수록 혁신학교의 수는 줄어듭니다. 혁신교육 대학원 과정을 마친 연구자로서 고등학교에 혁신교육을 뿌리내리게 하려면 어떻게 해야 할까요? 분명히 방법이 있을 것 같기도 한데 말이지요.

한 당연히 교육감님께서도 답변을 알고 계실 텐데요. 혁신학교가 중학교에서 끝나는 게 아니라 고등학교까지 널리 확산되기 위해서는 역시나 대학입시제도의 변화가 필요할 것입니다. 학부모님들도 혁신교육의 취지를 충분히 알고 있고, 좋다고 생각하는 분들도 많이 있습니다. 하지만 현재의 대학입시제도에서는 모두가 어쩔 수 없는 거죠. 2018년에 대입제도를 바꾸기 위한 공론화 과정이 있었는데 큰 변화를 이끌어내지는 못했습니다. 2025년부터 적용될 예정인 고교학점제는 필연적으로 입시제도의 변화를 가져올 것입니다. 만약 그때에도 수시냐 정시냐와 같이 대입제도만 따로 떼어놓고 바라게 되면 2018년의 대입제도 공론화 과정이 또다시 반복될 것 같은 생각이 듭니다. 이번에는 좀 더 거시적으로 초중고 교육의 본질적인 목표와 더불어 대학의 체제를 개편하는 것까지도 염두에 두어 대학입시제도를 초중고 교육의 최종 결과로 바라보기보다는 중등교육에서 고등교육으로 이어지는 과정으로 바라볼 필요가 있지 않을까 싶습니다. 그렇게 접근하다 보면 고등학교도 혁신교육에 대한 논의가 활발하게 일어나지 않을까 싶습니다.

교 혁신미래학교에 근무하시면서 혁신교육을 위해 열과 성을 다한 분야는 뭐가 있나요?

한 열과 성을 다한 분야라고 하기에는 부족하지만…. (하하) 잘 아시겠지만 2018년에 서울시교육청에서 편안한 교복 공론화를 진행한 이후 2019년에 각 학교에서 공론화를 진행했는데요. 그때 제가 학생자치 업무를 담당하고 있었습니다. 마침 2018년에 교육청 공론화 때부터 관심을 갖고 있었는데 우연히 학생자치 업무를 맡게 되어 열심히 했던 기억이 납니다. 4월에 시작한 학교 공론화 과정이 최종적으로 10월이 되어서야 마무리가 되었는데요. 학부모, 학생, 교사들 학교 3주체가 모여서 수차례에 걸쳐 회의하고, 밤 9시까지 남아서 토크콘서트를 진행하고, 대토론회 등을 하면서 합의를 이끌어냈던 과정이 특히 기억에 남아 있고요. 개인적으로는 이 과정에 대한 경험을 연구하여 혁신전공 대학원의 석사 논문으로 쓰기도 했습니다.

교 마지막 질문은 조금 뻔할 수도 있겠지만 반드시 여쭤보고 싶은 질문입니다. 서울시교육청 및 교육감에게 해주고 싶은 말이 있다면 무엇일까요? 그 어떠한 이야기라도 대환영입니다.

한얼 (웃음) 어떤 이야기라도 환영이라고 하시니 음… 어쨌든 잘 운영되고 있는 학교의 모델을 더 발전시키기 위해서는 구성원 모두가 같은 마음일 필요까지는 없더라도 그 학교가 그간 쌓아왔던 교육의 방향이나 철학에 충분히 공감할 필요는 있기 때문에 교육청에서 교장선생님이나 교감선생님을 발령낼 때 이런 부분을 감안해주셨으면 하는 바람, 앞에서도 밝혔지만 다시 한 번 강조하고 싶고요. 또한 학교장에게 많은 권한이 집중되어 있다 보니 교장선생님이 바뀔 때마다 학교가 완전히 다른 학교가 되는 경우도 있습니다. 교육법령을 통해 학교장의 권한을 교사들에게 분산할 수 있다면 가장 좋을 것 같지만, 교육청 차원에서 거기까지는 불가능하다면 2~3년 주기로 교장선생님에 대한 학교 3주체의 평가, 교사, 학생, 학부모의 평가가 필요하다고 생각합니다. 현재도 나름의 평가가 있겠지만 학교 구성원들의 평가를 통해 교장직의 유지에 대한 판단이 이뤄져야 한다고 생각하구요, 교감선생님 역시 마찬가지라고 생각합니다. 이러한 제도적인 장치가 뒷받침되어야 민주적인 학교 문화가 만들어질 수 있다고 생각하구요. 이러한 민주적인 학교 문화에서 싹트는 교사의 자발성이야말로 결국 교육의 질을 높일 수 있다고 생각합니다. 음… 그 밖의 몇 가지 다른 내용들도 떠오르지만 그러한 내용들은 저희 '내부자들' 팟캐스트에서 다룬 것으로 대신하겠습니다. 교육감님께서도 '내부자들' 열심히 청취해주시면 감사하겠습니다.

모든 교과가 모여
뮤지컬을 만들다

_ 임강온(동구여중 교사)

'협력종합예술활동'(교복 입은 예술가)은 재학 중 최소 한 개 학기 이상 교육과정 내에서 학급의 모든 학생들이 뮤지컬, 연극, 영화 등의 종합예술활동에 역할을 분담하여 참여하고 발표하는 학생 중심 예술체험 교육으로 2016년 전국 최초로 서울시교육청이 실시하여 2019년부터 초등 고등 특수학교까지 확대되어 운영되었고 임강온 교사는 정책 시작부터 적극적으로 함께하였음.

임강온(이하 '임')   안녕하세요. 성북구 동구여자중학교에서 음악 교사로 30년째 재직 중인 임강온입니다.

교   선생님, 너무 반갑습니다. 30년째 재직 중이시라니 너무 존경스럽습니다. 선생님께서 함께하고 계시는, 2017년부터 시작한 협력종합예술활동에 대해 설명 부탁드립니다.

임   협력종합예술활동은 현재 교복 입은 예술가라고도 불리고 있는 프로젝트인데요. 중고등학교를 다니면서 재학 중 최소 1학기 이상은 교육 과정 내에서 모든 학급의 학생들이 참여해 뮤지컬, 연극, 영화 등을 선보이는 학생 중심의 종합예술 활동 교육이자 예술 체험 교육입니다. 그런데 이 활동이 바로 등장한 것이 아니라, 사실 그 이전부터 여러 학교에서 자율적으로 영화나 연극 등의 활동을 하고 있었는데 교육청에서 인지하고 이후 직접 좋은 결과물들을 보고 정책에 적극 반영한 결과입니다.

교   중학교에서 10여 년간 성과를 보여주신 뮤지컬 사업이 정책으로 시행되었는데 교사, 학생, 학부모님들 각각의 반응이 궁금합니다. 예술은 언제나 필요성에는 공감하지만 현장에서 입시라는 장벽 때문에 뒤로 물러날 수밖에 없으니까요.

임 앞에서 말씀드렸던 것처럼 자율적으로 잘 운영되던 좋은 선례의 학교들이 있었어요. 좋은 성과를 낸다는 것은 수많은 시행착오를 겪었다는 뜻이기도 합니다. 그래서 시행착오의 과정이 아닌, 보이는 결과물들을 보고 보편화된 부분부터 참여한 사업이기에 학교 안에서 파장이 컸던 것은 사실입니다. 누구도 가보지 못한 처음의 길이었기에 매우 어려웠죠. 제 경우에도 뮤지컬 수업을 제안받았을 때 전공이 음악이긴 하지만 뮤지컬과 같은 세부 전공의 경험이 없었기 때문에 매우 당황스럽고 부담스러웠습니다. 겉으로 보기에는 간단한 문제처럼 보일 수 있지만 학교 구성원 모두 예술교육에 대한 충분한 이해가 부족했고 학부모님들은 예술을 한다는 사실 자체에 아이들의 학습권과 학습 시간이 침해받을까 봐 크게 우려하셨어요. 한 학기 안에 또는 1년 안에 시행하라는 것 자체가 매우 버거웠고 무거운 마음이 들었습니다. 저의 경우에는 이 프로젝트를 맡았을 때 10여 년 동안 이 일을 해왔기 때문에 긍정적으로 생각하고 비교적 쉽게 받아들이긴 했지만 음악 교사들, 특히 신규 교사들이 이 프로젝트를 맡았을 때 많이 막막하게 느껴 눈물을 흘릴 정도로 힘들어하는 모습을 목격했습니다. 초반에는 기대보다 우려의 목소리가 컸고 긴 적응의 시간이 필요했던 것이 사실입니다.

교 제가 다 미안해질 정도네요. 그래도 아이들의 예술 활동 경험을 위해 최선을 다해주신 점에 대해 두 번, 세 번 감사할 따름입니다. 무엇보다 어떤 작품을 무대에 올리셨는지 궁금해요.

임 학교마다 다 다른 작품을 제작한 것으로 알고 있습니다. 전반적인 작품의 목표는 학생들이 스스로 자신들의 이야기를 만들어서 각자가 역할 분담을 하고 하나의 작품을 완성하는 것입니다. 제 경우, 노래나 춤 같은 예술 부분은 어느 정도 조언이 가능한데 대본이나 스토리 구상은 버겁기 때문에 동료 국어교사나 연극과 관련 있는 선생님의 도움을 받거나 협업이 이루어집니다. 그런데 사실 협업을 이룬다는 것 자체가 학교 현장에서 매우 어려운 일입니다. 본인의 일도 아닌데 열 일 제쳐두고 나서기는 쉽지 않죠. 그래서 초반에 공연을 준비하는 학교들은 다른 학교 대본을 참고한다거나 동화를 믹스하는 방법을 동원하는 등 학교마다 사정이 달랐던 것 같습니다. 저는 잘 못하더라도 우리 아이들이 자신의 이야기를 스스로 끌어내야 한다는 것을 기본 교육 목표로 생각했기 때문에 아이들의 이야기로 풀어나가는 것을 기본으로 삼고 있습니다.

교 입시 위주의 학습 분위기 속에서 감성과 감수성의 중요성은 알지만 교육의 일환으로써 제대로 드러내기란 쉬운 일이 아닙니다. 그렇다면 교육 현장에서 왜 예술이 중요할까요.

임 서울시교육청에서 가장 처음에 '협력종합예술활동은 이런 것이다' 하는 영상자료를 제작한 적이 있었습니다. 그 영상자료에 의하면 현재 주요 교과 과목 중심의 학교에서 아이들에게 가르치는 내용의 80~90%는 우리 아이들이 성장해 40~50대가 되면 쓸모없어질 가능성이 크다고 합니다. 그래서 제가 나아가야 할 교육 방향은 이렇게 급변하는 사회에서 우리 아이들에게 진정으로 가르쳐야 할 것은 통상적으로 나열하는 교과 과목이 아니라 감성 지능을 기르는 것이라는 생각을 하게 되었습니다. 감성 지능이 무엇이라고 정확히 설명드리지 않아도 잘 아실 겁니다. 이 감성 지능이라는 것은 중고등학교 시절에 완성되는데 이 기간 안에 교육 과정을 통해 키우는 것이 저희 교사들의 몫이고 제가 느꼈던 가장 큰 사명감입니다. 학교에서는 아이들의 감성 지능을 기르기 위해서 이 목표에 부응하는 교육을 실현해야 하는데 예술 교육에서 키를 찾을 수 있습니다. 그래서 예술 교육이 현장에서 뿌리를 내리게 하는 게 중요합니다.

교 그렇다면 창의력 및 융합 교육으로 연결시킬 수 있는데요. 학생들에게 직접적으로 도움이 된 사례가 있을까요. 이렇게 사례를 찾는다는 것이 어떻게 보면 엄청난 딜레마이기는 한데요, 그래도 반신반의하는 누군가를 설득하려면 어쩔 수 없기는 합니다.

임 사실 과거에는 '어떻게 잘 가르칠 것인가'가 교사의 교육 목표였다면 지금은 이 급변하는 사회에서 사람다운 사람으로 아이들이 잘 적응하고 그 사회 안에서 좋은 리더로 성장할 수 있게 길러내느냐가 요즘 교사들의 공통된 교육 목표라 생각합니다. 그렇게 되기 위해서 창의력 교육과 융합 교육의 중요성을 잘 알고는 있으나 아무래도 중고등학교 안에서 그러한 정책이 실현되기란 쉬운 일이 아닙니다. 융합 교육이라는 것은 교과와 교과 간의 단순한 결합이 아니라 교육 과정을 재구성하면서 희생할 것은 희생하고 받아들일 것은 받아들여야 하는 것이거든요. 교사들은 단일 교과로 수업하기 때문에 타 교과와 협업하는 것에 익숙하지 않은 편입니다. 솔직하게 학교 현장에서 융합 교육을 한다는 것 자체가 쉽지는 않습니다. 어쨌든 간에 융합 교육의 목표와 방향성을 인지한 교사들이 모여서 교육과정을 재구성하고 융합 교육을 위한 수업을 디자인하는 과정 속에 창의성 있는 아이디어가 나오게 되고 이것들이 우리 아이들의 교육에 반영되었을 때 상상을 초월하는 결과물이 나오는 것을 많이 경험했습니다. 저희 학교 같은 경우에는 학년 단위의 교원학습공동체가 있는데 그곳에서 동료 교사들과 아이들을 위해 한 학기 동안 어떤 일련의 프로젝트를 진행할 것인가에 대한 논의를 2월부터 계속합니다. 물론 저희 학교가 혁신학교라서 새로운 프로젝트에 대해 고민하는 것이 조금은 익숙한 편이지만 교사들에게의 이런 작업은 반드시 필요하고 고민하고 노력해야 할 작업이라 생각합니다. 창의 융합 과정의 가장 큰 장점과 변화는 기존의 교사 중심의 수동적 교육에서 아이들 중심의 능동적 교육으로 전환된다는 것입니다. 아이들이 프로젝트를 주도하고 교사는 보조자이자 조언자 역할에 머무는 것이죠. 융합 교육은 아이들에게도 새롭고 도전적인 교육임과 동시에 교사들에게야 말로 도전이자 변화의 계기가 되는 교육이라고 생각합니다.

교 선생님께서 말씀하시는 도중에 수첩을 꺼내어 하나하나 적어 보았습니다. 아주 좋은 지적 감사합니다. 자, 그렇다면 제가 베네수엘라 청소년 오케스트라 '엘 시스테마'를 꿈꾸며 서울의 모든 학생들이 한 개의 악기는 유려하게 다룰 수 있기를 바라며 내세웠던 1인 1악기 정책에 대해서 들어보고 싶습니다. 선생님 입장에서 1인 1악기를 한다는 것에 대한 교사, 학부모, 학생 각각의 반응과 느낀 점은 어땠을까요?

임 사실 이전까지는 방학 또는 방과 후에 악기 교육이 이루어진 게 사실입니다. 1인 1악기가 정책으로 들어와 학생들이 학교 교육 과정을 통해서 한 가지 악기라도 다루어 문화시민으로 성장할 수 있도록 하는 것이 교육의 목표인 것은 맞습니다. 하지만 실제로 1인 1악기를 완벽하게 실행하는 학교는 드물 겁니다. 왜냐하면 악기 구입 관련 예산이나 그에 해당하는 강사의 지원도 받아야 하는 등 여러 가지 부차적인 문제가 있기 때문입니다. 저의 경우에는 작년에 1인 1악기 수업을 통기타로 진행했습니다. 이전에는 신청했다가 계속 반려되었는데 작년에 수업이 가능해진 이유는 서울시교육청에서 서울시민과 기존 학교의 유휴 악기를 순환하는 허브를 만들어주셨기 때문입니다. 그래서 그 허브를 통해 서울시민들에게 기증받거나 수리된 유휴 악기 25개의 통기타 지원으로 수업을 진행하게 되었습니다. 아이들에게 통기타를 가르쳤을 때 생각보다 반응이 굉장히 좋았습니다. 아이들 입장에서는 무엇인가를 이룬 성취감을 얻었고 학교 입장에서는 아이들에게 문화선진국에서나 가능했던 음악 교육을 통해 문화시민으로 성장할 수 있는 계기를 마련해주었다는 점에서 뿌듯함을 느꼈습니다. 학교는 이번 학교 평가에서 악기 수업에 대한 얘기가 나왔을 정도로 매우 반응이 좋고 만족스러웠던 것 같습니다. 모든 학교가 넓은 공간이 있어 많은 악기들을 마련하면 좋겠지만 모두 그렇지는 않습니다. 그래서 1인 1악기 정책이 지속되려면 순환허브공유센터만큼 학교 내 공동의 보관 장소가 제대로 확보되어 더 다양한 악기로 아이들을 가르칠 수 있도록 추가적인 개선이 더 필요합니다. 물론 현재 학교가 큰 수혜를 입은 사업인 것도 맞지만요.

교 1인 1악기 사업을 진행했을 때 학부모의 우려가 있었나요?

임 아니오. 우려는 생각보다 크지 않았습니다. 1인 1악기는 수업 시간을 확보해 진행하는 것입니다. 예를 들어 음악 시간에 한 학기 동안 17시간, 또는 2시간씩 해서 34시간을 모두 악기 사용만 하는 것은 아니고 교과적인 이론 공부도 병행합니다. 학부모님들은 방과 후에 남아서 하는 것을 부담스러워하시지 교과 과정 안에서 1인 1악기는 긍정적으로 여깁니다.

교 이 정책을 통해 국악, 시조, 연극, 뮤지컬 같은 다양한 예술 장르를 경험한 학생들이 어떻게 학교생활에서 기쁨을 찾았는지 궁금합니다. 그리고 아이들에게 낯설 수 있는 예술 장르를 접목한 후, 그것에 대한 실질적인 반응과 학교생활 혹은 학습 성적에 도움이 되었던 사례가 있을까요?

임 저에게 시조나 국악은 부족한 분야라 다른 분야를 예로 들어 더 말씀드리겠습니다. 뮤지컬을 좋아하고 많이 했다고 해서 뮤지컬을 고집하지 않습니다. 왜냐하면 매해 아이들마다 상황과 성향이 다르기 때문입니다. 이전에 뮤지컬 수업을 성공적으로 해냈다고 해서 아이들에게 선배들의 좋은 선례를 보여주고 동기부여를 주려고 시도하는 것이 어떤 경우에는 맞아떨어지지 않을 때도 있습니다. 뮤지컬을 할 수 없는 환경에 처해 있는 아이들이 많이 있기 때문입니다. 실제 사례로 5학급 중 2학급에 너무 내성적이고 내향적인 아이들이 모여 있었던 적이 있습니다. 이 상황에서 아이들의 적극성을 끌어낸다는 것 자체가 의미 있을 수도 있지만 한편으로 폭력적일 수도 있다는 생각을 했습니다. 그래서 어떻게 할까 고민했는데 교원학습공동체의 동료 교사들과 함께 고심한 끝에 아이들을 관찰하기 시작했습니다. 아이들이 앉아서 무언가에 몰두하는 것을 잘하기 때문에 그림을 통해 협력종합예술활동을 만들어봐야겠다고 생각해서 그해에는 뮤지컬 인형극을 하기로 결정했습니다. 아이들에게 그림을 그리게 하고 당시 가정 수업 시간에 바느질 수업을 하고 있었기에 아이들이 직접 바느질로 인형을 만들 수 있도록 했습니다. 내향적인 아이들은 봉제 인형 제작, 그림 그리기, 그리고 인형 조작을 맡게 하고 외향적인 아이들은 뮤지컬을 할 수 있도록 해주며 연극과 뮤지컬을 콜라보로 진행해 성공적으로 협력종합예술수업을 진행할 수 있었습니다. 따라서 기존에 성공적인 활동을 무조건 답습하는 것이 아니라 아이들의 상황과 성향에 따라 수없이 많은 생각과 다양한 포맷을 고민해야 한다고 생각합니다. 협력종합예술활동을 진행하려면 그 전해에 교사를 확보할 수 있는 예술 강사 신청을 해야 합니다. 2022년도 1학년 아이들에게 실행할 협력종합예술활동을 2021년 안에 결정해야 하는데 아직 입학하지도 않은 아이들의 의견을 수렴할 수 없으니 수업에 대한 성공이 교사들의 결정과 태도에 달려 있는 것이죠. 교사에게 확고한 의지나 목표, 시스템을 바꿀 수 있는 유연함이 없다면 즐겁지도 않고 어려운 일이 될 수 있습니다. 즉 아이들이 행복하고 즐겁지 않으면 아무리 많은 지원과 시간을 쏟았어도 그 예술 교육은 실패이자 끝이라고 생각합니다.

교 그렇게 엄청난 에너지를 쏟을 때마다 포기하고 싶은 경우가 한두 번이 아니었을 것 같습니다. 너무 하기 싫었던 순간이나 위기의 순간은 언제 찾아왔었나요?

임 체력이 달려 매해 그렇습니다. (하하) 제가 사실 16년 동안 뮤지컬 동아리를 운영하고 있습니다. 정말 하기 싫을 때마다 생각하는 한 학생이 있어 이 일을 계속해올 수 있는 것 같습니다. 그 눈동자를 잊을 수 없거든요. 아무런 존재감 없던 아이가 눈동자를 반짝이면서 노래를 했던 그 장면 말이지요. 아무도 주목하지 않았던 그 아이가 노래를 하면서 인생이 바뀌는 경험을 하게 된 거죠. 그런 아이들이 사실 매해 있잖아요. 그런 경험 때문에 아직까지도 계속하고 있는 것 같습니다. 물론 힘들고 어려운 순간도 있습니다. 앞서 말씀드렸던 내향적인 아이들의 경우를 생각해보면 당시에 그 아이들이 인형극을 안 하고 뮤지컬을 하게 됐다면 내가 잘 이끌어낼 수 있었을까 하는 상상을 해봤는데 굉장히 소름이 끼칠 정도로 아찔하더라고요. 당시에는 함께 도와주는 동료들이 많았기 때문에 빠르게 장르를 바꿀 수 있었지만 그러한 아이들에게 동기부여하고 의욕을

끌어내는 것이 정말 힘든 일이었습니다. 협력종합수업을 초반에 할 때 아이들의 반응을 적극적으로 이끌어내는 것이 어려운 이유는 아이들이 초등학교 때 영화를 만들고 뮤지컬을 해본 경험이 있기 때문에 신선함을 못 느낍니다. 그리고 요즘 영상 매체를 통해 굉장히 퀄리티 높은 무대를 많이 접하게 되니 본인들이 하는 것을 상대적으로 유치하게 느끼겠죠. 그래서 무대를 올리는 게 중요한 것이 아니라 스스로 주도해 자신의 이야기를 무대에서 펼치는 것이 중요하다는 동기부여를 끊임없이 해줘야 하는 초반 수업이 가장 힘듭니다.

교 비슷한 장르를 계속할 수도 없으니 고민이 크기도 하겠네요. 더불어 아이들의 개별 성향까지 파악해야 한다는 숙제가 있으니 쉽지 않을 것만 같습니다. 그래도 가장 기억에 남는 작품이 있겠지요. 주위에 당당하게 자랑하고 싶을 만큼 기억나는 작품 말이에요.

임 2018년 1학년 담임을 맡았었는데 그 해 유난히 사춘기 딸아이를 감당하지 못하시는 엄마들의 면담이 많았습니다. 그래서 그때 저는 이 아이들과 어머니를 어떻게 연결하고 이 위기를 어떻게 해결할까에 대한 고민을 많이 했습니다. 교사이자 동시에 자식을 키워본 엄마인 제가 할 수 있는 것이 무엇일까 고민한 끝에 아이들이 뮤지컬을 통해 엄마를 이해하는 작업을 생각해냈습니다. 1반부터 6반까지 1학년 아이들 전체를 모아

놓고 그 해 '엄마'에 관한 뮤지컬을 만들어 보자는 의사를 전달했고 엄마와 관련된 도서를 읽게 하고 엄마의 고민에 대해 이야기하는 동안 모든 교과들이 융합이 되어 1년 동안 '엄마'에 대한 수업을 진행했습니다. 엄마의 첫사랑부터 돌아가시는 순간까지의 장면을 담아낸 옴니버스 형식의 뮤지컬을 만들었던 거죠. '엄마의 첫사랑', '엄마와 나의 만남', '엄마와 나의 사춘기', '엄마와 입시', '엄마와 결혼', '엄마의 죽음'까지 여자의 일생을 다룬 2시간 40분짜리 뮤지컬을 선보였습니다. 중학교 1학년 여자아이들이 2시간 40분 동안 엄청난 집중력을 발휘해 뮤지컬을 만든다는 것은 생각보다 어려운 일이었답니다. 그날 공연에 오셨던 어머니들이 굉장히 많았는데 모두 다 눈물을 흘리셨습니다. 마지막에 신경숙 작가의 《엄마를 부탁해》 오디오북에 나오는 곡을 편집해 모든 아이들이 일어나 불렀는데 엄청난 반향과 감동을 일으켰습니다. 여자가 여자를, 그리고 엄마라는 존재를 이해하게 된 순간이기도 했죠. 서울시교육청에서 어떻게 알고 연락이 닿아 그 3개월의 과정을 EBS에서 다큐로 제작하기도 했어요. 나중에 그 장면을 보고 나서 정말 어려운 과정이었지만 아이들이 잘 해냈구나, 정말 기특하다는 벅찬 감동을 느꼈습니다. 그리고 그해 뮤지컬을 성공적으로 경험한 아이들이 2학년으로 올라가 본인들 스스로가 또 다른 뮤지컬을 만들어 자발적으로 발표하기도 했습니다. 3학년 때는 그것을 바탕으로 〈아빠〉라는 뮤지컬을 창작했으니 3년 동안 연계된 교육이 가능했던 거죠. 제가 그동안 많은 수업과 동아리 활동을 했지만 〈엄마를 부탁해〉라는 옴니버스형 뮤지컬은 평생 잊지 못할 경험이었습니다.

교 협력종합예술활동이 지금 이 자리에 오기까지 서울시교육청의 양적, 질적 도움을 다방면에서 평가 부탁드립니다. 긴장하며 경청하겠습니다.

임 제가 이 질문을 받고 느낀 점은 서울시교육청이 얼마나 힘들었을까였습니다. 사실 저도 엄청나게 불평을 했기 때문입니다. (하하) 특화된 학교가 잘하고 있는데 굳이 모든 학교에 일반화시켜서 왜 힘들게 할까 생각했거든요. 제가 사례 발표를 하러 다른 학교에 가면 선생님들께서 저를 엄청 다그치십니다. 어떤 후배는 울면서 못한다고 할 정도였으니 시행 초반에 교육청은 많은 불평과 민원에 시달렸을 것입니다. 그럼에도 불구하고 지속성과 뚝심을 갖고 예술교육에 대한 교육적 효과를 아시고 지금까지 끌고 오신 점에 감사함을 느낍니다. 제일 좋았던 것은 연습실을 만들어 준 것입니다. 2018년 음악실을 넓고 멋지게 다양한 예술 체험 활동이 가능한 교실로 리모델링을 했는데 그 덕분에 아이들이 학교에서 제일 편안하게 수업할 수 있는 공간이 만들어지게 되었습니다. 현재 많은 학교가 시설 예산 지원으로 연습실을 마련하거나 공연장을 구축하게 된 것이 가장 큰 변화인 듯합니다. 저희 학교는 뮤지컬뿐만 아니라 다양한 동아리 친구들도 수용할 수 있을 만큼 여유 있는 공간으로 활용 중입니다.

교 칭찬 및 응원에 더없이 감사드립니다. 마지막으로 학교 현장에서 보셨을 때 다양한 분야에서 교육감과 교육청에 바라는 점이 무엇일까요. 그 어떠한 이야기도 달게 감사히 듣겠습니다.

임 며칠 전에 지하철을 타고 가다가 서울시교육청 홍보 패널을 봤습니다. '오늘의 학생에게 오늘의 학교가 필요합니다'라는 문구가 적혀 있었죠. 그런데 '오늘의 학생은 맞는데 오늘의 학교가 맞나?'라는 생각을 했습니다. 지금까지 좋은 정책을 만들고 반영해 오신 것은 맞습니다. 올해 초반부터 예술 감상실, 미술 감상실의 수요 조사를 했는데 이 시대의 변화에 맞춘 다양한 사업 계획을 구상하려 노력하는 점이 엿보였습니다. 그러나 '과연 이게 먼저일까'라는 의구심이 들었습니다. 물론 학교마다 굉장히 큰 편차가 있겠지만 아무리 창의인성교육, 융합교육, 감성지능교육을 한다고 한들 그것보다 먼저 우선시 되어야 할 게 무엇일까 고민했을 때 저는 개인적으로 공간이 먼저 변화해야 한다고 생각했습니다. 예를 들어, 지금은 학교에 전자칠판이나 미술 교실, 예술 교실 등이 있기는 하지만 여전히 편리성 위주로 획일화된 공간이잖아요. 코로나19로 인해 예산이 IT 도구에만 편중되고 공간에는 투자가 미미합니다. 정작 아이들이 하루 종일 머무는 공간은 획일화되어 있어요. 아이들의 창의력이 높아지는 공간으로 재구성되고 리모델링된다면 예술교육을 굳이 하지 않더라도 다채로운 교실 공간의 변화를 통해 간접적으로 오감의 경험을 하는 창의인지교육이 저절로 이루어지지 않을까 생각해봤습니다. 기존의 획일화된 책상과 수업 교실이 아닌 미래학교처럼 다채로운 형태로 구성된다면 저희 교사들도 유연한 수업이 가능해지고 아이들 또한 유연한 사고가 가능해질 것입니다. 다시 말해 학교 공간에 대한 시각적 디자인 사업이 미래학교를 넘어서 모든 학교에 확대되었으면 좋겠습니다.

교 선생님의 말씀에 전적으로 동의하면서 지하철 광고문구의 의미가 잘못 전달된 듯합니다. '오늘의 학생에게 오늘의 학교가 필요합니다'라는 말은 선생님 생각대로 우리 아이들에게 오늘의 현실에 맞는 학교 공간이 주어져야 한다는 의미였습니다. 앞으로도 학생들의 창의력이 자라날 수 있는 공간으로 나아가는 데 더욱 힘쓰겠습니다.

공차소서

_ 전해림(난우중 교사), 김태은(학생), 남채원(학생)

'공차소서'(공을 차자 소녀들아, 서울에서)는 여학생들의 체력증진과 건강하고 행복한 학교생활 지원을 위해 '여신 프로젝트'(서울 여학생들의 신나는 체육활동)라는 이름으로 2015년 정책을 발표하고 여학생 자전거 타기 등 다양한 프로그램을 진행하던 가운데 코로나 시기 제한적 체육활동을 돌파하고자 대한축구협회와 협약을 통해 여중생들이 참여하는 4개의 권역별 거점 축구스포츠클럽을 운영하며 진행한 사업으로 전해림 교사는 팀장을, 김태은, 남채원 학생은 각 권역 주장을 맡았음.

전해림(이하 '전') 안녕하세요. 저는 난우중학교에서 체육 교사로 근무 중인 전해림입니다. 서울시 동작구를 포함한 2개 구로 이루어진 '공차소서' 3권역에서 팀장을 역임하고 있습니다.

김태은(이하 '김') 저는 서울여자중학교 3학년에 재학 중인 김태은이라고 합니다. 2권역 팀에서 주장을 맡고 있습니다.

남채원(이하 '남') 저는 고척중학교 3학년에 재학 중인 남채원이라고 합니다. 3권역 팀에서 주장을 맡고 있습니다.

교 안녕하세요, 세 분 너무 반갑습니다. 먼저 여학생 스포츠클럽에 대한 이야기를 나누고 싶은데, 사실 '여자 축구단'이라는 주제가 조금 낯설기는 합니다. 예전에는 사회에서뿐 아니라 학교에서도 스포츠라는 것이 성 역할이 고착화된 형태로 남자와 여자가 할 수 있는 운동이 따로 있었잖아요. 그래서 오늘은 전형적으로 남성과 여성이 구분된 스포츠 문화에서 여자 축구단이 만들어지게 되기까지의 과정과 변화에 대해 함께 이야기해보면 어떨까 싶어요. 이런 이야기가 김태은 학생과 남채은 학생에게는 미안하기도 하고, 본인들 입장에서는 그 자체로 오히려 낯선 주제일 것 같기도 해요. 두 학생의 목소리를 더욱 경청하는 시간이 되었으면 합니다. 우선 '공차소서'라는 이 프로그램이 어떻게 만들게 만들어졌는지 선생님께서 말씀해주실 수 있을까요?

전　공차소서는 '공을 차자 소녀들아 서울에서'의 줄임말로, 2021년 서울시교육청에서 처음 주관하고 주최한 소녀들을 위한 체육 교육 사업입니다. 이 사업은 서울시교육청이 대한축구협회와 MOU$_{memorandum\ of\ understanding}$를 맺으면서 여학생들의 체육 교육 활성화를 위해 추진되었습니다. 사실 이 사업이 시작되기 전, 서울시교육청 내 여성으로만 구성된 다양한 스포츠클럽 중 축구단 회원 수가 가장 많아 다른 스포츠에 비해 더 추진력 있게 여학생 축구단을 꾸릴 수 있었습니다. 학교마다 축구에 관심이 많은 여학생들이 꽤 있었고 같은 마음을 가진 친구들끼리 삼삼오오 모여 여학생들을 위한 스포츠클럽 개설에 대한 요구가 증가하던 추세였어요. 그래서 지역 단위로 소규모 대회나 모임을 갖기도 했습니다. 이후 '2015년 중부교육청 퀸즈챔피언스리그'와 '2017년 남부축구페스티벌' 등을 시작으로 여학생들을 중심으로 한 축구대회가 지금까지 계속 이어오다가 서울시교육청의 공식적인 지원을 계기로 공차소서와 같은 여학생 체육 교육이 활성화된 것입니다.

교   그럼 언제쯤 본격적인 이야기가 나와서 준비하시게 된 건가요? 일련의 과정에 대해 구체적으로 말씀 부탁드립니다. 준비 과정도 상당히 흥미로울 듯합니다.

전   공차소서가 처음 논의됐던 시기는 2021년 6월 대한축구협회와 MOU 체결이 되었던 시기 이후였고 서울 관내 여자 선생님들 중 축구선수 출신이나, 축구동아리나, 생활 축구 경험이 있는 분들을 수소문하기 시작했습니다. 엘리트 축구와 생활 축구를 경험한 6명의 체육 선생님들이 TF팀이 되어 함께 공차소서를 기획하게 되었습니다. 그 과정에서 번뜩이는 신규 선생님의 아이디어로 공차소서 이름도 짓게 되었고요.

교   자, 이제 선수분들의 이야기를 들어볼게요. 먼저 김태은 학생에게 질문드리겠습니다. 아주 쉽게 말해서 축구가 왜 좋나요?

김   제가 처음 축구를 한 건 초등학생 때부터였습니다. 사실 축구를 할 생각이 없었는데 남자 친구가 방과 후 축구 수업을 함께 듣자고 제안한 이후 시작하게 되었어요. 그 축구 수업에서 유일하게 저 혼자 여자여서 처음에는 어색했는데 평소에 뛰는 것도 좋아하고 막상 슛을 넣었을 때 쾌감이 너무 좋아서 초등학교 내내 신나게 축구를 했던 것 같습니다.

교   남채원 학생은 어떻게 축구를 시작하게 되었나요?

남   저도 초등학생 때 같은 반에 축구선수로 활동하고 있는 친구가 있었는데 다른 친구들과 함께 쉬는 시간에 축구를 하게 된

게 계기였던 것 같습니다. 다른 여자 친구들은 적극적으로 참여하지 않는 체육 시간에도 축구 자체가 너무 재밌고 흥미로워서 남자 친구들하고 어울려 적극적으로 축구를 하던 기억이 납니다.

교 김태은 학생에게 질문해 볼게요. 축구를 할 때 남학생이 다수고 유일한 여학생이었던 상황에서 '여자' 친구들로만 이루어진 여자축구팀에서 축구를 하고 싶다는 생각을 언제부터 했을까요?

김 어릴 때부터 운동을 좋아했어요. 남자 친구들과 어울려 축구할 때 큰 어려움은 없었습니다. 주변 어른들도 '멋있다'며 좋아해주셨고요. 다만 남자 친구들과 신체적 차이가 분명히 있었기에 몸싸움을 한다던가 부딪침이 있을 때 여자 친구들과 함께 운동하게 되면 동등한 조건에서 더 재밌게 했을 텐데 하는 아쉬움은 늘 있었습니다. 아마 그런 생각을 하게 된 게 신체적 차이가 점차 커지던 초등학교 6학년쯤이었을 겁니다.

교 남채원 학생에게도 비슷한 아쉬움이 있었을 것 같아요.

남 저도 비슷합니다. 초등학교 때 남자, 여자 친구들과 함께 축구를 계속했었는데 여자 친구들이 점차 줄어들더니 6학년이 돼서는 저 혼자 여자더라고요. 중학교에 올라오니 남자애들이 키도 크고 신체적 조건이 달라지니깐 여자 친구들과 축구하면 좋을 텐데 하는 아쉬운 마음이 커지더라고요. 솔직히 여자 친구들 중에는 축구를 하려는 친구가 없으니깐 그냥 아쉬운 대로 가장 친하게 지낸 남자 친구 몇 명하고만 하게 되었습니다.

교 선생님께 질문드릴게요. 평등을 강조하는 교육이 일반화되어 있는 요즘이지만 여전히 고정관념은 존재하고 있습니다. 그렇다면 고정관념을 탈피한 체육 교육이 학생들에게 중요한 이유는 무엇일까요?

전 청소년기는 학생들이 신체 활동을 통해 도전 의식과 다양한 경험을 할 수 있는 최적의 시간이죠. 호르몬이 정말 왕성한 이 시기에 신체적으로 활발하게 움직여 건강하게 발산하는 게 굉장히 중요하잖아요. 그런데 이 시기에 모든 게 입시에 맞춰 있어 아이들을 옭아매는 게 우리 사회잖아요. 우리가 다양한 교육을 제공하고 있지만 아이들이 단연 원하는 것은 활발하게 움직이고 적극적으로 참여하는 신체 활동입니다. 사실 이 신체 활동을 통해서 인성 및 신체 발달을 키울 수 있는 여지가 굉장히 많아요. 지금까지 입시에서 배제되고 신체 활동의 특성을 살리기 어려운 유명무실 형태의 체육 교육이 지배적이었습니다. 어른들이 체육의 중요성과 당위성을 충분히 인지하지 못하고 있던 게 현실이죠. 다행히 요즘은 학생들을 위한 스포츠클럽이나 여러 대회 등 다양하고 특색있는 체육 교육이 활성화되어서 아이들의 신체 발달과 더불어 인문적 소양까지 길러내는 발전적인 방향으로 가고 있는 것 같습니다.

교 지난달 파주에서 열렸던 페스티벌. 어떻게 두 달여 기간이라는 짧은 시간 동안 기획하고 시작하게 되었는지 놀랍습니다. 물론 축구협회의 도움도 받으셨겠지만 그렇다고 하더라도 수많은 축구 멘토분들의 참여가 어떻게 가능했는지 궁금해요.

전 페스티벌을 그렇게 빠른 기간에 잘 기획할 수 있었던 이유는 앞서 말씀드렸듯이, 제가 5~6년 동안 한국여자축구클럽연맹에서 활동해왔던 경험 덕분이 컸던 것 같아요. 연맹에서 알게 된 주변 지인들이 축구협회 관계자들과 친분이 있던 사이더라고요. 그래서 제가 대학생 시절부터 경험했던 것과 더불어 이 페스티벌에 대해 누구보다 잘 알고 있는 분들이 함께 진행해주셨기에 여학생들에게 필요한 모든 것들을 잘 조합한 최적의 조건이 마련되지 않았나 싶어요. 예를 들어, 여학생들이 좋아하는 국가대표 선수들과 사진을 함께 찍는 것과 여학생들의 공감대를 많이 살 수 있는 어린 시절에 생활체육 경험이 있는 20~30대 멘토 교사분들을 초청하는 것들은 제가 연맹에서 경험해봤기 때문에 가능한 거라 생각하거든요. 특히, 멘토분들의 역할은 정말 컸어요. 어린 시절 경험은 아이들의 큰 공감대를 사고 축구가 얼마나 즐거운 것인지 가장 잘 아는 분들이시니깐요. 여섯 분을 모시려고 했는데 28분이 지원하실 정도로 이 여학생 축구 정책에 대해 멘토 선생님들께서 더 좋아하시고 적극적이셨습니다. 사업 기획 초창기에 장학사님께서 아이디어를 주셨을 때는 원래 서울 대표 한 팀을 만들어 보자는 방향이었는데 더 많은 아이들이 참여할 수 있도록 협의해서 네 팀을 모집하게 되었어요. 솔직히 네 팀으로 나눠지면 선생님들 입장에서는 더 힘들고 부담스러웠을 텐데 교육청에서 충분한 예산 지원과 든든한 제도적인 기반을 마련해줘서 잘 헤쳐나갈 수 있었던 것 같습니다.

교 축구협회와 교육청에서 어떤 도움이 있었나요?

전 일단 교육청은 총괄적인 지원과 지지를 보내준 기관이었죠. 교육청에서 권역별로 거점학교를 지정해서 각 학교에 예산을 충분히 지원해줬습니다. 그럼 각 학교의 담당 선생님들께서는 그 예산을 바탕으로 융통성 있게 사용할 수 있도록 잘 배분하셨죠. 그래서 아이들을 위한 축구화나 장비, 식비, 간식비 지원 등이 가능했습니다. 그리고 대한축구협회에서는 나이키 브랜드 유니폼을 지원해줬고 협회 차원에서 가용할 수 있는 파주 NFC 제공과 국가대표 선수와의 만남, 페스티벌 진행에 필요한 물품 제공 등 많은 후원을 해주셨습니다. 학생들 입장에서는 정말 감사하고 행복했을 겁니다.

교 김태은 학생의 기억 속에 페스티벌이 어떠한 추억으로 남아있나요? 지금 당장 다시 한 번 더 참여하고 싶은가요?

김 축구 여자팀 자체를 꾸리는 것도 어려운데 우리 팀뿐 아니라 또 다른 여러 여자팀과 경기를 한다는 게 믿기지 않을 만큼 행복하고 좋았습니다. 사실 경기에 참여하기 전 순위에 신경이 많이 쓰였는데 페스티벌이 끝났을 때 등수와 상관없이 그 자체가, 그리고 축구 경기 자체가 너무 재밌고 행복했습니다. 우리 팀이 아쉽게 4위를 했는데 낙담하고 슬퍼하기보다 정말로 경기 자체를 즐겼어요. 끝나고 나서까지도 이런 경험을 언제 또 해보겠나 싶을 정도로 페스티벌 시간이 끝나가는 게 아쉬웠고 정말 값진 경험이라 생각했습니다.

교 김태은 학생이 소속되어 있는 2권역에서는 총 몇 명이 함께했나요?

김 2권역 멤버는 총 18명이고 페스티벌에는 13명이 참여했습니다.

교 남채원 학생 이야기도 궁금해요. 페스티벌을 준비했던 과정과 경기 당일의 분위기 등 지금 생각해보면 다시금 새록새록 떠오를 거 같아요.

남 매주 여자 친구들과 주말에 운동한다는 것 자체가 굉장히 즐겁고 행복했던 것 같아요. 저희 팀은 무조건 1등만 바라보고 준비했거든요. (하하) 다른 권역보다 일찍 시작해서 운동량도 정말 많았습니다. 승리 전략은 '그냥 골을 많이 넣자'였는데 제가 골 결정력이 부족해 실수를 많이 했던 것 같아요. 암튼 우승은 못 했지만 저에게는 이런 경험 자체가 넘치게 감사하고 믿기지 않는 상황이었어요. 사실 이건 돈을 아무리 많이 들여도 쉽게 할 수 없는 경험이잖아요. 솔직하게 저희가 프로 선수도 아닌데 학생들 취미에 이렇게까지 적극적인 지원과 관심을 보내준다는 게 한편으로 정말 놀랍고 굉장히 감사한 마음이 듭니다. 페스티벌 당일에도 이런 경험을 한다는 것 자체가 너무 즐거웠고 굉장히 고조된 기분으로 즐겼던 것 같아요. (하하) 비록 경기에서 좋은 성적을 거두지는 못했지만 결과에 상관없이 계속 행복한 마음만 들었던 것 같아요. 경기가 끝나고도 이 마음이 너무 오래가서인지 '헤어진 연인'을 못 만나는 것 같은 헛헛한 마음까지 들더라고요. (하하)

교 이제 페스티벌 당시의 즐거웠던 기억은 잠시 접어두고 부모님들이 가장 걱정하실 수도 있는 성적 이야기로 살짝 넘어가도 될까요? 정말 솔직하게, 페스티벌이나 축구가 성적에 얼마만큼 영향을 미쳤다고 생각하나요?

김 사실 첫 연습 날이 기말고사 주 전이어서 불안하기는 했는데 제가 너무 간절히 원했던 일이라 성적에 지장을 주지 않으려고 공부도 축구도 더 열심히 했던 것 같아요. 비슷했어요. (하하)

남 여자 친구들과 함께 축구하는 시간이 너무 소중해서 최대한 마음 편하게 매 순간 집중해서 공부든 축구에서든 최선을 다하려고 합니다. 공차소서 연습 기간에는 공부에 소홀하기는 했는데 축구하는 순간 너무 행복했기 때문에 후회는 없습니다. 공부의 양은 줄었을지 몰라도 성적은 비슷합니다.

교 혁신적인 정책이나 교육이 중학교까지는 시도가 가능한데 아시다시피 고등학교는 '입시'라는 장벽이 생기기 때문에 진행이 어렵잖아요. 어떻게 처음에 여고에서 이 프로그램에 대한 이야기가 나오고 시행이 가능했나요?

전 정말 특이 케이스죠. 사립고등학교에서는 선생님들이 공립과 다르게 바뀌지 않고 계속 근무하시잖아요. 예를 들어 한 선생님께서 여학생 축구클럽을 시작했으면 사립학교에서는 이게 끊기지 않고 계속 전통으로 이어지는 게 가능합니다. 그래서 중부 지역 5~6개 여학생 축구클럽끼리 서로 가볍게 친선경기로 시작했다가 점차 5~6년까지 이어지고 규모도 확대된 거죠. 이렇게 역사와 전통이 쌓여야 동아리가 유지가 되고 명맥이 이어지는 것 같아요.

교 공차소서가 현재는 중학생을 대상으로 하고 있는데 이 학생들이 고등학생이 되어서도 계속 함께하려면 어떤 정책이나 시스템이 필요할까요?

전 사실 공차소서라는 프로그램이 중학생보다 고등학생에게 더 필요하다고 생각해요. 여학생들 중 체육과 관련된 진로를 가진 친구들도 많거든요. 중학생들에 비해 고등학생 친구들이 더 분산되어 있는 경우가 많아서 거점별로 모여 축구클럽에서 활동하는 방식이 고등학생 친구들에게 더 적합하다고 봅니다. 사실 교육청에서 충분한 예산 지원이 되고 이 분야에 관심이 있는 멘토들이 참여만 한다면 이미 축구클럽을 원하는 친구들은 많기 때문에 빠른 시일 내로 충분히 고등학생 버전도 가능하다고 생각합니다.

교 선생님, 첫 시작이 2021년이어서 미래를 여쭤보는 게 조심스럽지만 2022년에는 11개 지역으로 나눠서 하고 싶어 하신다고 들었어요. 저부터 내년 페스티벌이 너무 궁금해지는데요.

전 올해는 이 사업이 너무나 갑작스럽게 시작되어서 파일럿처럼 해보자라는 마음으로 시작했던 게 사실입니다. 그런데 페스티벌이 기대 이상으로 성황리에 무사히 마쳐 서울시교육청의 흥행작이 되었습니다. 지금처럼 많은 분들의 응원과 지원이 계속되면 내년에는 11개 지원청별로 거점이 하나씩 운영될 것 같아요. 그리고 중학교를 넘어 고등학교까지 확장된다면 페스티벌을 훨씬 더 다채롭게 할 수 있을 것 같아요. 또한 기간 면에서도 두 달여 동안 무리하게 훈련하고 프로그램을 운영하다 보니 너무 고생스러웠는데 주기를 좀 더 늘리는 게 목표입니다. 프로그램 운영 기간을 3~4개월 정도로 늘리면 학생들의 팀워크도 이전보다 더 잘 다져지고 경기력 수준도 올라갈 것으로 예상합니다.

교 저 역시 마음의 준비를 단단히 하고 2022년을 기대해 보겠습니다. 마지막으로 서울시교육청이나 저에게 하고 싶은 이야기가 있을까요?

전 일단은 교육감님께서 TV 프로그램 〈골 때리는 그녀들〉을 봐주셨다는 점이 정말 감사하죠. (하하) 그 프로 덕분에 이런 여자 축구에 대한 지원이 생긴 것 같아요. 이번에 여자 중학생들이 축구를 굉장히 좋아하고 열정적이라는 것을 눈으로 직접 보셨기 때문에 이제는 잘 아실 거예요. 사실 이런 친구들이 지역 곳곳에 많이 숨어 있으니 앞으로 할 일은 이 숨은 인재들을 발굴해서 지원하는 프로그램이 마련될 차례인 거죠. 더불어 이번에 여자 선생님들께서 이전과 다르게 적극적이고 활발한 활동이 가능하도록 한 실질적인 정책이 마련되어 굉장히 반가웠습니다. 왜냐하면 저는 여학생들의 마음을 움직이는 데 여자 체육 선생님들의 힘이 매우 강력하다고 생각하거든요. 그래서 이런 부분이 잘 보완된다면 알아서 잘될 정책이라고 생각합니다. 아쉬운 점은 글쎄요. 아직 처음 단계라 그런지 전혀 없습니다.

교 두 학생에게 질문드릴게요. 공차소서를 함께하면서 좋았던 점과 아쉬웠던 점을 평가해주세요. 2022년에 더욱 발전된 모습으로 다가가려면 이런 평가 시간이 필요한 것 같아요.

김 축구를 좋아하는 여학생들을 모으는 것이 제가 평소에 쉽게 할 수 있는 일이 아니잖아요. 그런데 공차소서 덕분에 많은 여자 친구들과 행복하게 축구를 할 수 있었던 점이 너무 좋았습니다. 아쉬웠던 점은 뭐랄까, 경기를 하루에 몰아서 해야 했기 때문에 힘들었던 것 같아요. 페스티벌처럼 여유 있게 장기간에 걸쳐 진행되었으면 좋겠습니다.

남 공차소서 자체가 다 좋았습니다. 아쉬웠던 점은 너무 급하게 시작해서 여운을 가질 새도 없이 너무 빨리 끝났던 것 같습니다. 그리고 다음에는 운영 기간이 더 길어지고 모임도 더 많이 가져서 축구를 많이 했으면 좋겠습니다. 규모도 더 커지고 고등학생 버전도 꼭 생겼으면 좋겠습니다. 많은 것을 해주서서 정말 더할 나위 없이 좋습니다.

교육 공간 자체가
교육 콘텐츠

_ 김승회(서울대 교수)

학교공간혁신은 미래사회 변화에 대응하여 학생들의 주요 생활 공간을 학교 특성 및 학생 성장에 맞춰 창의적, 감성적 교육공간으로 조성하여 학교 공간의 디자인 혁신을 선도하는 정책임. 학교별로 꿈담건축가를 매칭하고 사용자 참여설계와 교육과정을 연계하여 학교 특성을 반영한 공간 변화를 추구하고 있음. 꿈을 담은교실, 꿈을담은놀이터, 꾸미고 꿈을 꾸는 화장실 사업, 그린스마트 미래학교 등이 있음. 김승회 교수는 서울시교육청 학교건축 민간자문관 1호로 서울학교공간혁신의 기반을 마련함.

김승희(이하 '김')　안녕하세요, 반갑습니다. 저는 서울대학교 건축학과에서 교수로 재임 중이고 동시에 건축가로서 작품 활동을 하고 있는 김승희입니다. 2016년부터 서울시교육청과 협업 하에 학교의 미래와 변화에 대해 함께 고민하면서 약 2년 반 정도 전반적인 교육 공간의 변화에 대해 자문했습니다.

교　서울시교육청 학교 건축 첫 민간자문관이자 서울교육공간디자인혁신을 위한 민간자문관 1호로 위촉되셨는데 어떤 계기로 위촉되셨는지 말씀 부탁드립니다.

김　교육감님께서 기존의 학교 공간의 전반적인 변화에 대한 문제의식을 가지고 계셨던 것 같습니다. 2015년 말 교육감님과 교육청 담당자들을 만났을 때 서울 교육 공간의 변화에 대한 프레젠테이션을 선보였습니다. 제가 이전에 이우학교와 이화여고 등 학교 프로젝트를 진행한 경력을 고려하셔서 서울 교육 공간이 어떻게 변화해야 하는지에 대한 자문을 부탁하신 것 같습니다.

교 미래형학교, 서울교육공간디자인혁신, 마을결합형학교건축모형개발 등 함께해오신 프로젝트명을 듣기만 해도 박수가 절로 나오는 것 같습니다. 제 입장에서는 너무 감사할 따름입니다.

김 원래 학교 증축이나 개축, 신축은 항상 진행되어 왔습니다. 문제는 그것을 어떻게 진행하느냐가 중요합니다. 그래서 학교 공간 변화를 좀 혁신적인 형태로 해야 한다고 건의했습니다. 그렇게 되기 위해서는 현상 설계를 위한 제도가 제대로 운영되고 좋은 건축가가 참여할 수 있는 알맞은 경로가 마련되어야 합니다. 더 근본적으로는 서울 교육 공간이 어떻게 변화해야 할 것인가에 대한 명확한 비전이 설정되어야 한다는 점을 말씀드렸습니다. 또한 서울 교육 공간을 위한 큰 계획이나 지침을 함께 만들고 개별 프로젝트들이 발주될 때 좋은 건축가들이 선발되고 잘 진행될 수 있도록 조언을 드렸어요. 기존의 타성에 젖은 계획안이 아니라 새롭고 수준 높은 작품에 가까운 교육 공간이 나오도록 새로운 시도와 많은 의견 제시도 잊지 않았습니다. 교육청과 교육감님께서 의견과 제안을 잘 받아주셨기에 잘 운영된 것 같습니다.

교 학교라는 공간에서 학생들의 삶이 주체가 되어야 한다며 민주적인 방식을 주장하신 어느 선생님의 인터뷰를 본 적이 있습니다. 한편으로 그런 공간을 만들기 위해서는 시간과 에너지가 소모가 큰데 학부모의 입장에서는 냉정하게 학생들의 성적과 혁신적인 교육 공간이 어떤 연관 관계가 있는지 궁금해하실 듯해요.

김 그것은 학생이 공간에서 주체의 한 부분이라는 뜻이지, 학생 자체가 주체라는 뜻은 조금 부정확한 것 같습니다. 교육은 성적만 해당하는 것이 아니고 성격, 성품, 공감력, 시민의식 등 교육의 다층적인 영역을 내포하고 있죠. 사실 교육 공간을 설계할 때 처음부터 학생의 참여가 직접적인 도움이 될 것이라고 생각하지는 않았습니다. 학생들은 건축을 설계할 능력도 없고 비전문가이기 때문에 참고가 될 뿐 학생들의 의견을 설계에 직접 반영하는 것은 비현실적인 일입니다. 그러나 학생들로 하여금 자신이 머무는 공간에 대해 생각하게 하는 것이 교육의 중요한 부분이라고 생각했습니다. 아이들은 아주 어릴 때부터 레고도 만들고 그림도 그리며 여러 취미 활동을 통해 지능과 감수성을 키우죠. 건축 설계를 할 때 아이들은 직접 의견을 제시하고 실제로 지어지는 건물을 보는 것을 경험합니다. 이것만큼 좋은 교육은 없습니다. 지금까지는 이런 기회가 없었죠. 교육적 효과를 사례로 말씀드리면, '꿈담교실' 전에는 아이들이 교실 벽에 낙서를 하고는 했었는데 학생들의 의견이 반영된 교실이 완성된 뒤로는 자발적으로 공간을 치우고 깨끗하게 유지한다는 점에서 아주 긍정적인 교육 효과를 얻었습니다. 저는 아이들이 우수한 성적을 얻는 것도 중요하지만 시민

사회에서 올바른 구성원이 되는 것이 더 중요하고 이것이야말로 교육의 근본적인 목적이라고 생각합니다. 제가 근무하는 서울대학교에는 정말 공부 잘하는 애들이 많습니다. 그런데 제가 아이들을 살펴보면, 높은 시민의식을 가진 아이들이 나중에 진정한 리더로 성공하거나 그럴 확률이 높더라고요. 20여 년간 서울대학교에서 재직한 제가 생각하기에 성적은 일부일 뿐입니다. 그렇기 때문에 학부모님들도 우수한 성적을 교육 목표로 생각하시기보다 아이들이 올바른 시민의식을 가진 구성원으로 자라는 것에 더 중점을 두셨으면 좋겠습니다. 실제로 성적을 올리는 것보다 훌륭한 리더로 성장시키는 훈련이 더 어렵습니다. 함께 협력해 새로운 공간을 탄생시킨다는 것을 아이들이 경험한다는 것은 매우 귀중한 기회라고 생각합니다.

교 학생들의 다양한 의견을 최대한 반영해서 작업하신 사례와 어떤 부분에 더 중점을 두고 공간에 반영하셨는지 궁금해지네요. 좋은 교육 공간을 위해 애써주신 부분, 다시 한 번 감사드립니다.

김 기본적으로 신체 치수죠. 아이들마다 신체 치수가 많이 다르잖아요. 아이들은 큰 공간보다 작더라도 자기만의 개인 공간을 원합니다. 그래서 구석구석에 작은 공간들을 많이 만들었고 입체적인 경험을 할 수 있도록 다락을 만든다든가 레벨을 바꿔 아이들의 다양한 공간적 분위기를 만끽할 수 있도록 했습니다. 그리고 학생만큼 교사들의 공간도 중요합니다. 사실 교사의 공간이 더 중요하죠. 교육 과정 속에 포함되는 놀이나 체험, 또는 토론 수업을 위한 다양한 테이블 배치, 교육 활동에 용이한 공간의 활용이 필요합니다.

교 앞서 이야기해주신 '꿈을 담은 교실'에 대한 구체적인 건축 과정을 통해 교수님의 교육 공간에 대한 철학을 공유할 수 있을 것 같습니다.

김 교육 공간을 기획하면서 가장 큰 전제로 생각했던 점은 교육 공간은 단순한 건물이 아니라 공간 자체가 교육 콘텐츠가 될 수 있다는 것입니다. 처음에는 꿈담교실이 기존에 해왔던 방식대로 전자 입찰을 통해 작위로 건축가를 선정하려 했습니다. 설계 프로세스와 건축가 선정 방식을 바꾸어야 한다고 말씀드렸습니다. 우선 초등 장학사님과 함께 협의해 새로운 교육 과정에 맞는 공간 가이드라인을 만들고 건축가는 굉장히 좋은 작품을 해왔던 분들을 초빙했습니다. 아시다시피, 우리 국민에게 '학교'라는 공간은 참 의미와 애정이 크지 않습니까? 그래서 건축가분들도 '학교'라는 공간을 만든다고 하니 실비도 안 되는 금액으로 거의 봉사에 가까운 활동을 해주셨습니다. 그런 에이스급의 훌륭한 건축가분들의 도움 덕분에 '꿈담교실'이 교육 과정을 잘 담아낼 수 있었고 학생이 객체가 아니라 주체로서 참여할 수 있는 통로가 마련되었던 것 같습니다.

교 학생들이 작은 공간과 나만의 공간을 추구한다고 하셨는데 왜 학생들에게 이런 공간이 필요할까요?

김 저와 전문가들의 생각으로 그러한 결정을 내렸다기보다 저희가 초중고등학생들을 대상으로 설문 조사를 진행했습니다. '학교에서 어떤 공간을 가장 좋아하는가?'라는 질문을 했는데 다수가 '작지만 나만의 공간'이라는 답변을 내놨습니다. 아이들이 필요로 하고 선호하는 공간인 거죠. 학교라는 큰 공간에서 단체 생활을 하긴 하지만 본능적으로 나만의 공간을 원하는 겁니다. 물론 학교가 내 소유는 아니지만 내가 그 공간에 소속되어 있다는 느낌을 가장 원하는 것 같아요. 교육 공간이라는 게 교육의 내용물이기도 하지만 상호교류적인 서로 소통하는 공간이 되어야 한다고 생각해요. 학교에 아이들이 꽤 오랜 시간 머물기 때문에 집 같은 학교를 담아내려고 했습니다. 특히 아직 알록달록한 유치원이라는 공간에서 벗어난 지 얼마 되지 않은 1~2학년의 저학년 아이들은 학교라는 공간에서 어려움을 느끼기 때문에 저학년 아이들의 교실은 집같이 안락하고 편안한 느낌을 주는 것이 중요하다고 생각했답니다.

교 2019년 교육부 공간혁신 국책사업으로 선정되어 많이 알려졌어요. 이후 서울을 넘어 전국적으로 확산되었을 때 교수님께서 가장 신경 쓰고 강조하셨던 부분은 무엇입니까?

김 제가 2018년 여름까지 서울시교육청의 건축자문관으로 임했고 그 뒤 일에 대해 직접적으로 관여할 수 있는 공식적인 자리는 없었습니다. 하지만 추후 교육부 담당팀과 몇 번의 면담에서 '교육 공간 건축에 있어 무엇이 가장 중요한가?'라는 질문에 '건축가'가 가장 중요하다고 답변드렸습니다. 좋은 건축가를 모시는 것이 가장 중요한 일입니다.

교 앞으로 서울시교육청이 어떤 점들에 대해 더 노력해야 하고 어떤 정책들이 더 필요하다고 생각하시나요?

김 지금까지 모범적인 사례를 잘 만들어온 것 같아요. 저도 함께한 당사자이기 때문에 자랑하고 싶습니다. (하하) 좋은 건축가들을 선발하기 위해 발주제도를 모두 고쳤고 설계 지침을 잘 만들었으며 우수한 건축가들이 참여할 수 있는 기반을 잘 다져놓았습니다. 또한 작은 프로젝트도 우수한 건축가들의 전문적인 컨설팅을 받을 수 있는 제도를 만들어놓았다는 점이 성과라고 생각합니다. 서울교육공간플랜이라는 가이드라인을 설정해 교육 공간을 만들 때 어떤 콘셉트로 어떤 목적을 가지고 만들 것인지에 대해 명확하게 정리했습니다. 비유를 하자면 여행 갈 때를 대비해 지도를 만들고 여행에 필요한 도구들을 미리 준비한 셈이죠. 앞으로의 목표는 건축물의 퀄리티를 높이는 것인데 '예산'이 가장 중요한 문제입니다. 제가 '체육관'을 짓는 프로젝트를 많이 살펴보았는데 솔직히 교육부 예산으로는 항상 만족할 만한 성과를 못 냈습니다. 기획재정부에서 교육 공간에 책정하는 평당 예산도 턱없이 부족해 정상적인 건물을 지을 수 없는 실정입니다. 그래서 앞으로 교육 공간의 퀄리티 향상을 위해서는 당장 기획재정부에서 교육 공간의 평당 예산을 반드시 올려야 합니다. 다음으로는 공사까지 충분한 시간이 주어져야 합니다. 교육 공간을 지을 때는 충분한 시간과 예산이 주어져야 하는데 언제나 적은 시간과 적은 예산으로 최상의 퀄리티를 원합니다. 과연 좋은 건축 공간이 나올까요? 교육청이 아무리 노력해도, 교육부와 기획재정부가 이런 식으로 나온다면 절대 좋은 교육 공간이 세워질 수 없습니다. 따라서 좋은 교육 공간을 위해서는 국가 차원에서도 개선해야 합니다.

교 교수님께서 생각하시는 미래형 학교는 어떤 학교가 되어야 할까요?

김 미래형 학교는 어떤 학교가 될지 몰라야 한다고 생각합니다. 획일화되지 않고, 매우 다양해져야 한다고 생각합니다. 똑같은 인재가 여러 명 있는 것보다 다양한 인재가 많아져야 한다고 생각합니다. 그렇다면 교육도 다양해져야 하고 교육 공간도 다양해야 하기 때문에 미래형 학교는 어떤 형식을 갖추었느냐의 문제가 아니라 오히려 어떤 방법으로 미래형 학교가 되어야 하느냐가 중요하겠지요. 결과적인 형태는 오픈돼 있고 좋은 건축가를 뽑거나 다양한 의견을 수렴하는 등의 만드는 과정을 잘 거쳐 다양한 결과를 창출해내는 것입니다. 그래서 미래형 학교는 정답이 있는 것이 아니라 다양한 결과들이 있는 형태일 것입니다.

교 학생 및 교육에 직접적으로 관계가 있는 분들, 그리고 건축가를 제외한 지역사회는 어떤 방식으로 교육 공간 문제에 접근하고 어떤 도움을 줄 수 있는지 의견 부탁드립니다.

김 참 어려운 문제입니다. 제가 분당에 있는 이우학교라고 유명한 대안학교를 설계하고 20여 년간 함께 작업을 해왔습니다. 그곳은 사립이기 때문에 분당 지역 주민이자 학부모님들께서 굉장히 깊이 관여하고 참여합니다. 학교의 급식 배식이나 여러 행사들이 학부모들의 참관 속에서 이루어지고 있습니다. 그러나 일반적인 학교에서는 이우학교처럼 학부모들이 깊이 참여하는 게 제도적으로 굉장히 어렵고 한계가 있을 것입니다. 그래서 지역사회가 학교에 참여하려면 지역사회와 학교가 서로 노력해야겠지요. 학교는 학교대로 지역사회를 위해 개방해야 하고, 지역사회는 지역사회대로 학교를 위해 무엇인가를 공헌하는 등의 방식으로 각자의 노력을 해야 합니다. 갑작스레 하루아침에 이루어지는 것은 아니고 다양한 논의를 통해 학교와 지역사회를 연결할 수 있는 서로 협의된 경로나 채널을 만들어야 합니다. 이우학교 같은 경우에는 그러한 채널이 있는데 학생과 교사, 그리고 학부모가 함께하는 회의입니다.

이 좋은 채널을 바탕으로 서로 협력하고 상생할 수 있는 방안을 함께 만들어나가는 거죠. 미래에는 학교가 더 중요해질 것입니다. 왜냐하면 동네가 점점 중요해지고 있기 때문입니다. 포스트코로나로 인해 앞으로는 재택근무도 늘어나고 주민들이 동네에 오랫동안 머무는 일이 많아져 '학교'라는 공간의 중요성이 매우 커질 것입니다. 학생 수는 점차 줄고 공간과 건물이 잘 갖추어진 학교는 동네의 가장 큰 시설이자 여유 있는 공간이기 때문에 서로 접점이 만들어질 수밖에 없습니다. 미래에 어떤 방식이라도 학교와 지역사회가 서로를 필요로 하는 것은 필연적인 결과일 것입니다. 옛날 시골 학교의 '학교'라는 중대성처럼 포스트코로나 시대에 동네가 중심이 된 사회에서 '학교'의 역할은 과거보다 더 커질 수밖에 없을 것입니다.

교 최근 신문 기사에 보면 100m 달리기를 못 할 정도로 운동장이 작거나 없는 학교가 많아졌다고 합니다. 공간적, 교육적 관점에서 '운동장'의 역할과 의미에 대해서는 어떻게 생각하시나요?

김 글쎄요, 모든 학교는 놓일 수 있는 위치가 있습니다. 예를 들어 지방의 평지가 넓은 곳에 위치한 학교는 학교 자체도 넓겠죠. 반면 서울과 같은 큰 도심에 위치한 학교가 100m 달리기를 할 수 있는 공간을 갖고자 하는 것은 지나친 욕심 같습니다. 운동장 크기보다 학교의 공간이 학생들을 어떻게 해서 행복하게 해주느냐가 더 중요한 문제라고 생각합니다. 예를 들어, 축구장이 없으면 모든 학생이 축구 하는 것은 아니기에 축구장이 있는 학교와 공유해도 되지 않습니까? 초중고 모두 연합해 서로의 자원을 공유하고 활용할 필요가 있습니다. 모든 학교에 모든 시설물이 갖춰져 있는 것이 바람직한 일인지 잘 모르겠습니다. 도시의 공간은 한정적이고 점점 밀도가 높아지고 있습니다. 운동장의 크기보다 진짜 중요한 것은 학생들이 올바른 시민의식을 가지고 제2의 집으로 느끼고 행복하게 성장할 수 있도록 만들어주는 것이라고 생각합니다. 사실 요즘은 학교에 체육관과 강당이 잘 갖춰져 있고 학부모들도 미세먼지 때문에 외부에서 아이들이 활동하는 것을 선호하지 않습니다.

`교` 교육 공간에 대한 다양한 의견과 철학, 그리고 방향성에 대해 말씀해주셔서 정말 감사합니다. 마지막으로 서울시교육청에 바라는 점이 있다면 말씀 부탁드려도 될까요?

`김` 현재 제가 그런 말을 할 자격이 있는 사람인지 조심스럽긴 하네요. 물론 저는 어떻게 보면 지금 공식적인 멤버는 아니지만 서울시교육청의 팀원이라고 스스로 생각합니다. 교육 공간을 새롭게 만드는 노력을 통해서 서울시교육청이 신기원을 열었다는 점에 있어서 참여한 구성원 모두가 자부심을 가졌으면 좋겠습니다. 구성원이라 하면 교육감님부터 교육지원청과 학교의 모든 담당자들까지 내포합니다. 우리가 함께 학교 공간

의 새로운 가능성을 열고 그것이 전국으로 확산되는 선순환의 좋은 모델을 만들었습니다. 여기에서 더 나아가 질적 성장을 통해 훌륭한 마무리까지 이어졌으면 좋겠습니다. 교육 공간의 변화를 통해서 한국 교육이 새롭게 변했다는 긍지와 자부심을 가졌으면 좋겠습니다.

글로벌현장학습으로
세계로 나아가다

_ 구성애(호주 용접사)

'서울 특성화고 글로벌 현장학습'은 다양한 글로벌 현장학습 프로그램의 체계적인 기획·운영·지원으로 외국어 교육 및 글로벌 직무역량을 강화하고 특성화고 학생들의 글로벌 마인드를 함양시켜 해외 취·창업 경로 확대, 글로벌 인재 양성, 바람직한 세계시민으로 성장시키는 정책으로 구성애 님은 2018년 글로벌 현장학습 참여자임.

교 안녕하세요, 구성애 님. 호주 현지에 계시지요. 먼저 자기소개 부탁드립니다.

구성애(이하 '구') 안녕하세요. 저는 99년생 올해 24살이 된 구성애입니다. 현재 호주에서 3년 반 정도 거주 중이며 직업은 보일러 메이커 겸 용접사입니다.

교 2018년 글로벌현장학습 사업에 어떻게 참여하게 되었나요.

구 사실 저는 저학년 때부터 선발된 멤버는 아닙니다. 그런데 어느 날, 한 친구가 사정이 생겨 이 프로그램에 참여하지 못하게 되어 제게 그 기회가 주어졌습니다. 그래서 다른 친구들보다 준비 과정은 짧았습니다. 그래도 글로벌현장학습의 기회가 쉽게 오는 것이 아니라는 것을 잘 알았기에 감사히 참여할 수 있었습니다.

교 2018년 12월까지 호주 시드니에서 3개월간 글로벌현장학습 체험을 하고 나서 워킹홀리데이 비자로 현지 취업을 이어가고 있는 것으로 알고 있어요. 3개월의 현장학습 체험 후 이곳에서 더 일해야겠다고 마음먹은 계기는 무엇일까요. 사실 희망과 기대, 설렘 등이 있더라도 현실적으로는 쉬운 결정이 결코 아니잖아요. 우선 그렇게 결정하신 용기에 박수를 보냅니다.

구 감사합니다. 호주에 도착하고 이어진 프로그램은 정말 체계적이고 유익했습니다. 도착 후 연결되어 있던 에이전시 소속 선생님들의 통솔이 이어졌는데 타지에서의 걱정이 말끔히 사라질 정도였습니다. 영어 연수와 기술 연수, 그리고 투어라는 과정이 진행되면 될수록 친구들과 함께 작은 미션을 통과하는 재미가 있었고 호주에 남아서 거주할 친구들에게는 독립심을 심어주는 계기가 되었어요. 3개월간 기본적인 학습과 함께 교통수단 이용법, 집 구하기, 직장 구하기 등 작은 것 하나하나 세세하고도 꼼꼼하게 알려주셔서 걱정 없이 좀 더 이곳에 체류해도 되겠구나 하는 생각이 들었습니다. 그리고 저는 용접사로 일하는데 여자인 제가 일하기에도 정말 좋은 나라라는 확신을 가졌죠.

교 고등학교 졸업 이후 지금까지 해외에서 근무하고 계시는데 외국 회사의 장점과 강점을 꼽는다면 무엇일까요.

구 우선, 남녀 구분 없이 충분한 급여가 주어집니다. 한국에 있는 동갑내기 친구들에 비해 제가 5배 정도 더 받는 것으로 알고 있어요. 해외 국가에서 일하는 큰 이유 중 하나가 아닐까 하는 생각이 듭니다. 사무직이든, 현장직이든, 전문직이든 그러한 차별이 없지요. 진짜 성실하고 배우고자 하는 마음이 있는 사람에게는 다들 스스럼없이 가르쳐주려고 해요. 환경도 좋고 해서 자기계발하기도 쉽답니다. 저는 오후 2시면 퇴근해요. 이후에는 공부도 하고 운동도 하지요. 진정한 워라밸을 즐기고 있다는 생각이 들어요. 또한 호주가 글로벌 국가라는 느낌이 드는 것이 다양한 나라에서 온 사람들이 참 많습니다. 그러니 회사 내에서도 자연스레 다양한 문화를 접할 수 있어요.

교 2021년 성동공고 글로벌현장학습 선배 멘토로 참여 중이신데 후배들에게 어떠한 이야기를 가장 많이 해주었나요.

구 영어 공부를 많이 해두라고 강조했어요. 기술 같은 경우는 아무리 고등학생이 잘한다고 해도 사회에 있는 분들을 따라갈 수 없잖아요. 그러니 그런 부분은 충분히 이해해주세요. 그런데 영어를 잘하면 면접 때부터 가산점이 붙죠. 또한 이곳에서 생활을 해야 하잖아요. 직장생활, 사회생활 등등. 대화가 되어야 한다는 거죠. 한인 사회에서만 일할 수 있는 건 아니잖아요. 많은 분들이 여기서 그런 이야기를 해요. '아, 영어 공부 많이 하고 올걸.' 저도 마찬가지랍니다.

교 모두가 대학에 가야 한다고만 말하는 사회에서 자신의 삶을 찾으신 듯하여 더욱 박수를 보내게 됩니다. 처음에 가족이나 주변 친구들의 반응은 어땠나요. 아무래도 특히나 여자 혼자 해외에 나가서 생활한다는 것에 대한 걱정도 많았을 듯해요.

구 넓은 세상에서 살아보니 진짜 여러 분야에 멋있는 사람들이 참 많다는 생각이 들어요. 대학에 간 친구들은 아직 사회생활을 해보지 않았으니 이러한 기분을 모를 거예요. 전 그 친구들보다 시작을 먼저 한 거잖아요. 한국에서와는 다른 분위기가 너무 좋아요. 저는 지금의 제 삶에 100% 만족합니다. 물론 제가 해외에서 살 거라고 생각이나 했겠습니까. 다들 응원해주고 격려해주어서 너무나도 행복합니다.

교 우리 사회에 대학이 꼭 필요하다고 생각하나요. 구성애 님의 이야기를 들으니 필수는 아니라는 확신이 들어요. 다양성을 위한 교육의 방향을 생각해 봐도 충분히 그렇고요.

구 제가 답하기에는 좀 어려운 질문이네요. 사실 맞고 틀리고를 말할 수 있는 건 아닌 거 같아요. 저는 이제 사회생활 4년 차인 24살일 뿐이잖아요. 대학생활을 해본 것도 아니니까요. 그냥 저는 지금 제 삶에 충분히 만족해요. 그걸로 좋아요. 혹시 40세나 50세가 되었을 때 공부할 필요가 있다고 느끼면 그때는 할까 해요. 실무 경험이 중요한 지금은 이 삶이 소중하답니다.

교 글로벌현장학습 프로그램에 대한 칭찬이나 아쉬운 점, 그리고 저나 서울시교육청에 하고 싶은 당부가 있다면 부탁드립니다.

구 저는 이 프로그램에 충분히 만족해요. 다 좋았어요. 그리고 교육감님과 서울시교육청에 너무나 감사하다는 말씀을 드리고 싶어요. 이 프로그램 덕분에 제가 더 넓은 세상에서 마음껏 살고 있으니까요. 더 많은 친구들이 이 프로그램을 경험하고 발전해 나갔으면 좋겠습니다. 더 많이 알려주세요. 그걸로 충분합니다.

모두의 가능성을 여는

2

책임교육

학교 가는 길

_ 이은자(강서퍼스트잡지원센터 센터장)

특수교육정책은 장애이해교육, 특수학교설립, 발달장애인 직업 교육 관련 정책들이 있는데, 그 가운데 서울의 공립특수학교 설립은 2002년 이후 17년 동안 멈춰 있다가 조희연 교육감 취임 이후 2019년 사립 인강학교를 공립서울도솔학교로 전환 개교하고, 나래학교, 서진학교를 신축 개교함으로써 특수교육대상자의 교육권 확보를 위해 노력. 향후 2024년 동진학교 개교와 더불어 2040년까지 특수학교 8교의 추가 설립 추진 예정임. 이은자 님은 서진학교 개교 준비 당시 강서장애인학부모회 대표로서 이른바 '무릎 꿇은 호소'를 통해 전 국민들에게 특수학교의 필요성에 대한 공감을 불러일으켜 서진학교 개교에 큰 역할을 하였음.

교   사진 이야기부터 시작할 수밖에 없을 듯합니다. 당시 어머니들께서 어떻게 그렇게 무릎을 꿇으실 생각을 하셨을까요? 너무 뭉클해서 눈가에 눈물이 맺혔던 기억이 납니다.

이은자(이하 '이')   제가 먼 현장에서 지켜봤는데, 어머니들께서 무릎을 꿇는 모습이 도미노 같았습니다. 같이 보이는 서진학교 반대 현수막(노란색)과 대조되는 모습이 인상적이었어요. 저는 그 장면을 목격한 당시, 순간적으로 멍하고 무기력함을 느꼈어요. 사실 처음에 왜 무릎을 꿇어야 하는지 의문이 들었습니다. 하지만, 알 수 없는 힘에 이끌려 무릎을 꿇으신 듯해요. 그날, 어느 딸을 키우는 아버지가 서진학교의 설립에 대해 두려움을 느꼈다고 말씀하시면서 제게 반대 의견을 전하더라고요. 그런데 저도 부모라서 그런지 그 설득력 있는 아버지의 눈빛이 이해가 되었어요. 부모로서 서로 자녀를 생각하는 마음은 같기에 아버지의 의도가 혐오가 아니라 그냥 자식에 대한 사랑에서 나오는 고민임을 누구보다 잘 알아 그 마음을 이해할 수밖에 없었습니다.

교 내 아이가 장애아동이랑 놀이터에서 함께 뛰어노는 것이 위험하다고 생각했던 비장애인 부모님들이 많았는데, 실례가 안 된다면 발달장애 아이들이 구체적으로 어떤 행동을 보이기에 그렇게 생각하는지 여쭤봐도 될까요?

이 발달장애는 겉으로 보이는 뚜렷한 신체적 장애는 없으나, 인지발달에 문제가 생기는 장애입니다. 사실, 겉으로는 아무런 문제가 없다 보니 어떤 도움이 필요한지 예측이 어렵기는 해요. 그래서 신체적 구별이 가능한 장애인들에 비해 거부감이 크게 느껴지는 게 현실입니다. 아이들은 자기들만의 세계에서 상동 행동이나 본인만의 특정 행동을 반복하여 보여주고 본인 스스로가 통제할 수 없는, 간혹 위협적이거나 폭력적이라 오해 받을 만한 행동을 하기도 합니다. 그래서 발달장애에 대한 지식이 없는 사람들이 위협적이라 느끼거나 거부감을 갖는 것은 매우 당연하다고 할 수 있습니다. 특히, 발달장애인들은 냄새 및 촉감에 예민해요. 일례로 여성의 스타킹을 말없이 만지거나, 냄새를 맡는 등의 돌발행동으로 큰 오해를 사기도 합니다. 하지만 이런 상황은 정말 소수의 경우고 제어가 가능한 경우입니다. 특정 소수의 사례로 전체 발달장애인들이 다 그런 행동을 한다는 부정적 생각으로 일반화하는 어려움을 겪죠. 이렇게 발달장애인에 대한 대중의 무지가 생각보다 더 큽니다.

교 우리 사회와 교육 환경에서 장애 인식 개선 교육이 적극적으로 되어야 하는 이유겠지요. 교육감으로서 다시 한 번 책무를 느낍니다.

이 교육감님께서는 항상 갈등이 있으면 적극적으로 해결하고 풀어야 한다는 말씀을 많이 하시죠. 그리고 설득을 하려고 하시죠. 하지만 솔직히 설득이 안 되더라고요. 우리 사회에서 약자들에 대한 기득권자들의 얌전한 설득은 절대 안 됩니다. 일단, 쳐들어가서라도 알려주고 적극적으로 행동하고 바로 시도해야 합니다. 사실, 대화해서 해결하려 하면 장애아동들과 우리 부모들에게는 시간이 없습니다. 현재 우리나라에서 진행하고 있는 통합교육설명회에서도 초등학교부터 고등학교까지 장애아동이 모두 있습니다. 하지만 수능 위주, 성적 위주인 우리나라 교육의 전반적인 현실에서 장애아동과 비장애아동의 통합교육은 지나치게 꿈같고 비현실적입니다. 우리나라 교육 현장에서는 발달장애 아이들이 소리를 지르거나 과잉행동을 할 경우, 방해나 피해로 여기는 게 현실입니다. 다시 말해, 우리나라의 '성적 지향적' 현실에서 통합교육은 매우 비현실적인 목표라고 할 수 있지요. 흔히 생각하는 교육 선진국의 해외 사례는 매우 충격적입니다. 유럽에서는 여러 이유로 학교 설립 자체를 반대하는 사례는 있어도 특수학교 설립은 절대 반대하지 않습니다. 오히려 특수학교나 장애학생들에 대해 더 배려하고 적극 지지합니다. 제 지인에게 들은 미국 사례의 경우, 도움반이라는 클래스가 따로 있는데 비장애인 친구들도 방해받지 않고 장애인 친구들 모두 서로 어울려 통합교육을 받는다고 합니다. 미국에서는 커리큘럼을 짤 때 장애, 비장애 학생들의 각각의 상황에 맞게 배치하는데 지인의 자녀가 당시 학교생활을 하는 데 아무런 지장이 없었으며 오히려 행복하게 학교생활을 했다고 하더라고요. 상대적으로 우리나라의 교육 환경에서는 비장애, 장애 학생의 분리가 철저하고 기계적입니다. 미국의 경우에는 비장애 친구들에게 봉사활동 점수나 기타 인센티브를 제공함으로써 오히려 비장애 친구들의 적극적인 어울림 시도가 이루어지고 서로 자유롭게 소통하고 함께 어울릴 수 있는 자연스러운 환경이 갖추어져 있습니다. 우리나라에서는 꿈같은 상황입니다. 우리나라의 혁신학교와 교육에 대한 방향도 재모색이 필요한 시점입니다.

교 설립 계획 확정 후, 서진학교는 자리를 잡기가 어려웠습니다. 마음이 아프기도 하셨을 테고, 답답하기도 하셨을 듯해요. 그런데 당시 학부모들 입장에서 왜 꼭 강서의 공진초등학교여야 했는지 궁금합니다.

이 저희 아이가 초등학교 6학년이었을 때부터 특수학교에 대한 이야기가 나왔습니다. 당시에는 부지조차 없었고 폐교될 예정이었던 공진초등학교를 특수학교로 지정했을 뿐이었습니다.

당시에는 특수학교 근처에 아파트 단지가 없었습니다. 그러나 이후 아파트 단지가 들어서면서 주민들은 동네의 가치 자체를 떨어뜨린다고 생각해 특수학교에 대한 반발심이 컸었던 것으로 기억합니다. 초창기에 제가 서진학교 주위를 둘러봤는데, 근처에 우리 장애아동들에게 편리한 복지관이나 대형마트, 대중교통 등 인프라가 굉장히 잘 갖추어져 있는 게 맞춤형 장소인 것 같아서 저는 꼭 그곳이 서진학교가 되었으면 했습니다.

교 반대하시는 분들과 다르게 서진학교 설립을 적극 지지해주시는 분들도 많이 계셨던 걸로 아는데요.

이 물론 계셨죠. 2017년 7월에 열린 토론회까지 시민단체를 비롯한 꽤 많은 분들이 서진학교를 지지해주셨습니다.

교 찬성하는 목소리가 점차 커질 때 많이 뿌듯하셨을 거 같아요. 그분들은 어떤 마음을 갖고 계셨을지 궁금하네요.

이 글쎄요. 보편적인 생각을 가진 사람들이라면 모두 찬성했을 것입니다. 장애아동들의 교육 현실과 환경에 대해 잘 몰랐고 무지했기 때문에 설립에 반대를 했었지만 앞으로는 지속적으로 목소리를 내실 것입니다.

교 이은자 님 자녀분은 현재 몇 살인가요? 서진학교가 없었을 당시에는 어떤 교육을 어떻게 받았을지 궁금하네요.

이 저희 아이는 현재 23살입니다. 어릴 적, 강서 지역의 초등학교를 다니다가 특수학교인 정진학교로 옮기려 했는데, 너무 먼

곳에 있어서 통학하기가 어려웠습니다. 2011년쯤 특수학교가 포화 상태였던 해에 처음으로 장애아동들이 특수학교에 갈 수 없는 상황이 생겨났습니다. 그해 지원자가 강서, 양천 지역 아동들만 무려 70여 명이었습니다. 그래서 제 딸 지현이는 정진학교에 가지 못하고 일반 중학교에 진학했습니다. 중증장애아였던 제 아이가 통합교육을 받을 상황이 아니라고 판단해 일반 교육을 받지 않았습니다. 대신 특수 도움반 한 반에서 8명의 장애아동들이 함께 교육을 받는 조건으로 일반 중학교에 다니게 되었습니다. 당시 교육청의 특별한 도움으로 여러 지원을 받아 아이들이 재미있는 놀이나 교육을 체험할 수 있었습니다. 그래서 의도치 않게 비장애인 친구들이 호기심을 갖고 보러 올 정도로 서로 어울리는 상황이 일어나기도 했죠. 예를 들어, 체육 시간에 특수교사 선생님의 통솔 하에 자연스럽게 통합교육이 펼쳐지는 뜻밖의 상황도 일어났지 뭐예요. 게다가 운동회에서 함께 어울려 참여하게 된 상황도 펼쳐졌습니다. 앞에 제가 말씀드린 모델은 선생님, 장애 학생, 비장애 학생 모두 스트레스받지 않은, 너무나 운이 좋은, 감사하고 좋은 경우였습니다. 그 모델이 아주 좋은 선례가 되어서 이후 다른 지역에 비슷한 형태의 시범 교실이 운영되었다고 들었어요. 서울시교육청에서 이런 특별한 지원을 해주시는 게 사실 어려운 일인데, 해주셔서 너무 고맙더라고요. 이후, 제 딸아이는 고등학교 진학 때 아무 데도 지원하지 않고, 정진학교에만 지원해 정진학교에서 결국 졸업하게 되었습니다. 그리고 제가 다른 장애인 친구들 어머니들에게 연락해서 함께 정진학교에 가도록 유도했었죠.

교 특수학교 중 서진학교보다 먼저 개교한 나래학교가 있습니다. 나래학교의 상황은 당시 어땠나요?

이 나래학교 설립에는 비교적 저항이 적었습니다. 나래학교는 서진학교 덕분인지 국민적 여론이나 주민분들의 협조가 비교적 긍정적이었어요. 또한 주민분들의 반대 여론에 힘을 실어줬던, 서진학교 사례에 영향을 끼친 당시 강서구 의원과 같은 정치인이 없었던 점도 크게 작용한 것 같습니다. (하하)

교 서진학교에 대한 이야기를 다룬 영화 〈학교 가는 길〉의 크레딧 가장 첫 부분에 이은자 님 성함이 올라가던데요? (하하) 많은 분들께서 이 영화를 보시면 참 좋겠어요. 백 마디 설득이나 투쟁보다 이 영화가 주는 감동과 메시지만으로도 충분하지 않을까 하는 생각이 들거든요. 이 영화의 제작 과정에 대해서 이야기 부탁드립니다.

이 사실 처음에는 영화가 이렇게 잘 만들어질지 몰랐고, 그 토론회 이후 온갖 매체에서 연락을 받은 상황이었어요. 곰곰이 생각해보았을 때 우리에게는 정말 좋은 기회였어요. 그 제안을 받았을 때 발달장애인의 현실과 상황을 알릴 수 있어서 굉장히 반가웠습니다. 처음에는 한예종 학생의 졸업 작품이라 생각해 부담 없이 참여하려 했습니다. 하지만 정말 오래 걸렸고 감독이 저희가 다니는 오만 군데를 다 따라다니시더라고요. 그래서인지 우리가 평소에 하던 활동과 참여를 자연스럽게 촬영하고 가끔 저조차도 촬영하고 있다는 사실을 잊고 당연하게 일상처럼 자연스럽게 촬영에 녹아들게 되었습니다. 2017년 9월 말 토론회 이후부터 서진학교가 개교할 때까지 만 3년여를 담아주셨어요.

교 거의 3년을 찍으셨군요. 그런데 상영금지 가처분 신청이라는 참 말도 안 되는 상황이 일어났습니다. 그 소식을 듣고 저도 참 속상해서 성명서도 내고 했었는데 부모님들이 많이 속상하셨을 것 같습니다.

이 가처분 신청을 내신 분이 지역에서 봉사를 많이 하시는 분이었는데 전국 주민자치커뮤니티에서 주요한 활동을 하는 분이 매스컴에 서진학교를 반대하는 '악'으로 비추어지는 게 본인에게 수치스럽고 피해를 받았다고 생각했기 때문이 아니었을까 싶습니다. 이후, 잊힐 만하면 매스컴에 나오고 소송으로 인해 더 비난을 받았습니다. 아마 많이 힘든 상황이셨을 거예요.

교 미안하다는 말은 전혀 없었나요?

이 없었습니다.

교 2021년 드디어 처음으로 졸업생이 나왔어요. 내 아이가 졸업했으면 더 뿌듯했을 텐데 아쉽지 않았나요? 그래도 힘든 상황을 딛고 졸업생이 나왔다는 상황에 감회가 새로우셨을 것 같습니다. 그리고 모든 아이들이 내 아이들 같으셨을 것 같아요. 어떠셨어요? 몇 명이 졸업했죠?

이 정말 진심으로 제 딸이 졸업하는 것 같았습니다. 너무 행복했고 좋았습니다. 아마 졸업생 수가 10명 정도 됐을 거예요. 저와 딸아이는 지금도 서진학교 옆을 자주 지나다녀요. 막상 멋지게 잘 지어진 서진학교를 보니 딸이 다녔으면 너무 좋았을 것 같아서 아쉽더라고요. 그리고 앞으로 다니게 될 친구들에게 너무 좋을 것 같아 부럽기도 하고 아쉬울 것 같다는 생각도 들었습니다. 사실 제 딸은 인지능력이 1살 정도 되는 중증 장애인이라 서진학교를 인지하는지도 몰랐는데, 서진학교를 보고서 '서진학교'라고 정확하게 인지하고 아는 척을 하는 걸 보고 너무 놀랐었습니다. 그동안 많이 봐서일 수도 있겠지만 저에게는 알고 있는 것 자체가 괜히 감격스럽더라고요. 또 99분이나 되는 긴 〈학교 가는 길〉이라는 영화를 평소에 영상 자체에 집중하지 못하는 딸이 적극적으로 감상하는 것을 보고 매우 감동적이었어요.

교 여기에 더해 겹경사로 서진학교가 서울시 건축상까지 수상했죠. 더 감회가 새로웠을 것 같습니다. 이제는 모두의 학교잖아요.

이 더 훌륭하게 지어진 건물이 많았을 텐데 서진학교가 지어지는 과정과 학교가 지닌 의미나 가치를 더 고려해 받은 것이라 생각합니다. 처음 만들어질 때 교육감님께서 말씀하셨던 학교에 대한 포부가 기억나요. 교육감님 덕분에 잘 만들어진 것 같습니다. (하하)

교 학교에서 가장 마음에 드는 공간이 있을 것 같아요. 교실? 화장실? 교문?

이 아무래도 '복도'죠. 발달장애 친구들은 공간이 협소하면 과잉행동이나 돌발행동을 많이 하게 되는데 잘 꾸며지고 광활한 복도가 장애를 가진 아이들에게 안성맞춤이라 매우 만족스러웠어요.

교 아이들이 졸업하고 이후 어떤 모습으로 성장했으면 좋겠습니까? 지금 당장은 부모가 돌보고 지원할 수 있지만 아이 혼자 오롯이 독립적으로 있어야 하는 상황을 생각해보셨는지요? 그리고 우리나라 자체가 '서진학교'가 되지 않는 한 장애아동이 살기 어려운 현 상황에서 우리가 어떻게 해야만 아이가 하나의 인격체로 독립적인 생활을 꾸려갈 수 있을까요?

이 정말 우리에게 최대 화두입니다. 현재 교육감님과 교육청 지원 아래, 서진학교를 필두로 아주 기본적인 것들이 점차 긍정적으로 변화하고 있다고 생각해요. 그런데 문제는 교육권 영역에서 벗어날 때 본격적인 어려움에 부딪힐 것이라는 겁니다. 교육을 잘 받은 친구들이 이 세상에 나오는 게 정말 중요합니다. 현재 혼자 살아갈 수 있는 여건이 충분하지 않은 상황이에요. 사실 국가적으로 보았을 때 중증장애 아이들이 기본적인 교육 없이 세상에 나온다면 사회적 부담 비용이 더 커진다는 점은 명료한 사실이에요. 그렇기 때문에 국가와 지역 사회의 입장을 위한다면 오히려 지금부터 중증장애 아이들에 대한 교육의 질과 혜택이 더 주어져야 사회적 비용을 줄일 수 있다고 생각해요. 국가와 지역 사회가 아이들에 대한 직접적인 혜택이나 지원에 대한 것이 아니라 스스로 자립하고 하나의 인격체로 살아갈 수 있는 구조와 인프라에 대한 구축을 논하는 것입니다. 현재 국가와 기업들이 지금 이러한 생각에 대한 어느 정도의 구상은 하고 있는 것 같아요. 하지만 국가와 기업들이 중증장애 아이들의 자립을 어떻게 도와야 할지 구체적으로 모르는 것 같아요. 게다가 아이들마다 장애 상태나 정도가 다르기 때문에 다양한 모델을 만들 필요가 있어요. 그리고 여기서 더 나아가 이런 다양한 모델링을 바탕으로 현재 갖추어진 시스템과 서비스를 긴밀하게 연결하고 통합화하는 과정이 필요해요. 이 지점에서 장애아동 부모님들이 수동적으로 굴 것이 아니라 적극적인 스피커 역할을 해야 한다고 생각해요. 겁이 난다고 주저하지 말고 적극적으로 아이들의 교육권과 생존권 문제에 대해 요구해야 합니다. 다시 말해서 지금 우리가 할 수 있는 것은 현재 갖추어진 시스템 안에서 아이들 각각의 특성에 맞는 모델링을 저희 부모님들 스스로가 구성하고 준비해야 하지 않을까 싶어요.

교 좀 이상한 질문 같기는 하지만 내 아이가 비장애인으로 느껴지는 순간이 있습니까? 내 아이가 장애가 있는 안지현이 아니라 '그냥 안지현이네?' 이런 기분 말이지요.

이 흠. 사실 집에서는 내 아이 지현이가 장애인임을 자각하는 경우가 드뭅니다. 외출하거나 타인과 함께 있을 때도 외적으로는 구분하지 못할 때가 많습니다. 세월이 쌓임에 따라 생활 연령, 곧 생활에 대한 인지능력이 점차 늘어나는 것을 볼 때 다른 아이들과 별반 다르지 않음을 느낍니다. 그냥 재미있는 딸이다, 라고 생각하죠.

교 신을 원망할 만큼 힘드셨던 적이 있을 것 같아요. 솔직히 없을 수가 없을 것 같습니다. 조심스레 그러한 마음을 여쭈어봅니다.

이 아, 그럼요. 저는 기독교 신자인데 기도를 정말 많이 했습니다. 기독교 신자들은 통상적으로 각자의 십자가를 지고 산다고 여깁니다. 저는 항상 기도했었습니다. 차라리 이혼을 하거나, 빨리 죽는다든가, 가난해진다든가 하는 게 낫지 아이의 장애를 바라보는 것은 너무나도 힘들었습니다. 그냥 무조건 나아지기만을 기도했습니다. 차라리 그 십자가를 달라고 간절하게 기도 했습니다. 솔직하게, 아직도 이런 현실에 대해 이유를 모르겠습니다. 왜 하필이면 저에게 지현이를 보내셨을까요? 그리고 원망보다는 내 딸이 더 좋은 환경의 경제적으로 잘 갖춘 좋은 부모를 만났으면 좋았을 텐데 하는 마음이 있었습니다. 뭐, 원망 아닌 원망이죠.

교 엄마들의 모습은 매스컴에 많이 나왔습니다. 아빠들의 심정은 어떤지요.

이 아직 우리나라 구조상 장애아이를 낳으면 밀접하게 케어해줄 주 양육자가 필요해요. 외국 다큐멘터리를 보고 정말 놀랐던 적이 있어요. 장애아이를 포함해 아이가 셋인 엄마의 말씀이 너무 인상적이었는데 아이 중 하나가 그냥 장애가 있을 뿐 가족들 각각 그냥 각자의 삶을 살고 있을 뿐이라고 인터뷰하더라고요. 우리나라 구조에서는 절대 나올 수 없는 발언이라 너무 인상 깊고 충격이었어요. 우리나라는 장애아동 하나로 가족의 삶이 송두리째 바뀌기 때문이에요. 제 남편에게는 저와는 다른 고통이 있을 거예요. 아마 정말 저보다 더 외로울 거라고 생각해요. 남편은 회사에서조차 딸의 장애를 밝히지 않았어요. 그래서 통상적인 얘기를 나눌 때 많은 소외감을 느꼈을 거예요. 남편의 취미가 탁구인데 계속 투덜대면서도 친하게 지내는 지인이 있더라고요. 나중에 이유를 알고 보니 친해진 분의 딸이 장애인이었대요. 서로 성향이 맞지 않음에도 불구하고 맨날 붙어 다니고 놀러 다니면서 친해진 이유가 아이의 '장애'였던 거죠. 그런데 그분은 우리와 같은 활동이나 교육에 대한 정보가 무지해 아이가 집에만 있는 상태였대요. 그래서 우리 부부가 적극적으로 그분이 정보를 접하고 세상이 어떻게 변하고 있는지 말해주면서 아이가 세상에 나올 수 있도록 노력하고 있어요. 아빠들도 세상이 바뀌고 있는 이 시점에서 아이들이 하나의 인격체로, 존엄한 존재로 잘 살아갈 수 있도록 적극적으로 서로 정보를 공유하고 소통해야 해요. 왜냐하면 장애아이의 의지와 상관없이 부모의 무지 때문에 집에 있는 거잖아요. 이 부추김은 아이가 세상에 나올 수 있도록 꼭 필요한 일이라고 생각합니다.

교 　학교를 졸업한 아이들이 보통은 어떤 일을 하며 지내나요? 집에만 있는 아이들이 많이 없어야 할 텐데 말이지요.

이 　집에 있는 아이들이 정말 많아요. 장애 정도가 너무 심해서 집에 있을 수밖에 없는 아이도 있고요. 보통은 주간보호센터라는 곳을 다닙니다. 더 상태가 나은 친구들은 보호작업장이라는 곳에서 단순 작업 노동을 하며 돈을 법니다.

교 　영화 〈말아톤〉을 생각하면 될까요?

이 　네, 맞습니다. 그리고 취업하는 친구들은 정말 소수입니다. 대부분 보호센터나 공공시설에서 지냅니다. 사실 어느 정도 지시사항이나 인지능력이 조금 좋은 친구들은 약간의 도움만 주면 취업이 가능합니다. 굉장히 일도 잘 해냅니다. 이런 식으로 하면 국가의 부담도 덜고 아이들 삶의 질이 달라집니다. 보통 아이가 취직을 하면 본인의 스케줄을 직접 인지합니다. 또한 본인 스스로가 일을 재미있어하고 일상생활을 비장애인들처럼 영위할 수 있습니다. 이렇게 약간의 도움과 지원만 있으면 국가와 장애아동 모두 편하고 행복해질 수 있는데 아직까지는 이 연결이 너무 어렵고 힘듭니다.

교 기업의 인식이나 상황은 어떤 거 같으세요?

이 이전에는 기업들이 돌봐야 할 장애아가 늘어난 것으로 생각했기에 차라리 벌금을 내는 걸 선호했습니다. 2016년 저희가 서울시 고용노동부와 투쟁한 후, 장애아동 채용 시 보조 인력을 함께 채용하도록 바꿨습니다. 의사 결정의 자리가 아닌, 단순한 노동 및 사무보조의 역할을 하도록 하게 한 거죠. 아주 난이도가 낮은 일을 할 수 있게 만들었습니다. 저는 이 일이 난이도가 낮다고 무가치한 것이 아니라 굉장히 가치 있다고 생각합니다. 그리고 보조 인력은 국가에서 지원을, 장애아동은 회사가 지원하도록 했습니다. 결론적으로 두 사람이 일을 하기 때문에 전체적인 업무의 질이 올라갔습니다. 2~3개월은 무임금으로 일해보고 회사 입장에서 마음에 드는 아이들이 채용될 때까지 하겠다고 요구했습니다. 임금은 강서구 지자체의 지원을 받았습니다. 꾸준히 채용해보고 생각해보라고 했습니다.

물론 이렇게까지 해도 회사는 싫어하더라고요. 그런데 신기하게도 시간이 지날수록 상황은 달라져요. 처음에는 제가 장애아동과 같이 일을 하는데 회사의 분위기가 나날이 달라집니다. 첫날은 아예 장애 친구들 옆에 오지도 않지만 5일여 정도 지나면 그냥 익숙해지면서 아이들의 근무를 인정하는 분위기에 이릅니다. 그리고 장애인이기 때문에 '피해만 가지 않으면 된다'라고 생각하지만 일을 열심히 하고 잘하게 되면 '장애'를 특별하게 인식하게 됩니다.

교 어느 순간 동료로 인정하게 되는 거죠. 그것이 참으로 중요하지요. 교감이잖아요.

이 그 상황이 가장 마지막 단계입니다. 장애아동들이 익숙해지고 친근해지는 때입니다. 장애아동들이 가지고 있는 '특별함'과 '독특성'이 있습니다. 비장애인들은 잘 모르지만 사회복지사들은 특별히 선호할 만큼 사랑스러운 특징이 분명 있습니다. 정말 웃긴 에피소드가 있었어요. 비장애인 직원 중에 외국인이 있었는데 한 장애아이가 '굿모닝' 하고 인사했는데 깜짝 놀랐습니다. 저와 그 외국인 직원이 서로 눈을 마주치며 매우 놀랐습니다. 사람들이 장애인들과 이런 경험들을 하면 '장애아동'이 매우 특별하고 친화적으로 느껴질 거예요.

교 인식의 변화를 불러오는 거네요.

이 그렇죠. 맞아요. 장애아동들에게는 생계 수단이 되고 비장애인들의 인식은 바뀌는 좋은 모델이자 계기가 될 것입니다. 그분들이 장애아동들에 대해 좋은 발언 한마디만 해도 그 파급력은 어마어마할 것입니다. 이 회사에서 잘하면 다른 회사에서 연락이 옵니다. 최근 강서에서는 학교에 청소 용역으로 많이 투입됩니다. 교육청에서 용역 지원금이 들어옵니다. 아이들이 학교를 정말 좋아해요. 우리 장애인 친구들에게 꼭 말합니다. 우리가 이곳을 깨끗하게 해줘야 학교에 있는 아이들이 좋은 환경에서 공부하고 얼마나 기분 좋겠냐며 사명감을 주는 거죠. (하하) 사명감을 가지고 일을 하게 만드는 거죠. 아이들이 책임감과 사명감을 가지고 열심히 일하는 모습이 얼마나 예쁜지 모릅니다. 환경미화 목걸이를 집에서까지 하고 다니는 친구가 있는데 버스에서까지 하고 다닐 만큼 사명감과 책임감을 갖고 임해요. 사실 이전까지는 제도나 정책만 바꾸는 게 제일 중요하다고 생각했어요. 그런데 아까 말씀드렸던 딸을 가진 아버지가 서진학교를 반대하는 이유를 듣고 딱 깨달았어요. 인식이 바뀌지 않으면 여전히 아이들이 이 세상에서 사는 게 어렵다는 걸 최근에 느끼게 된 거죠. 중요한 건 아이들이 회사나 일상에서 자연스러운 형태로 함께 어울리며 인식이 바뀌는 것이에요. 근본적으로 사람들이 공감하고 이해할 수 있는 인식의 개선이 먼저인 거죠.

교 지금까지 서울시교육청이 잘했다고 생각하시는 점이 있을까요? 더불어 조금 더 바뀌었으면 하는 점은 무엇일까요? 솔직하게, 가감 없이 말씀해주세요. 이미 마음의 준비는 되어 있으니까요. (하하)

이 저는 정말 단호하게 말할 수 있습니다. 교육감님 덕분에 장애 아동들의 상황이 개선됐다는 것을 잘 알고 있습니다. 저희 엄마들 모두 공감하는 사실이구요. 사실 저는 저의 아이들 입장만 생각하고 교육감님은 교육감으로서 입장이 있었기에 많은 갈등이 있었죠. 어쨌거나 어려운 상황에서 특수학교를 3개나 만든 전례 없는 대단한 분이라고 생각합니다. 교육감님은 단 한 번도 저희의 말을 허투루 들으신 적이 없으신데 정말 대단한 부분이에요. 그리고 이번에 '특수교육전담과'가 생긴 것 자체가 정말 굉장히 감사하고 놀라운 일이죠. 교육청 하에 '전담 부서'를 만든다는 것 자체가 어렵고 힘든 일이라고 들었어요. 그런데 교육감님 덕분에 특수교육의 질이 더 좋아졌고 환경이 개선되는 데 큰 기여를 해주셨기 때문에 진심으로 감사함을 가지고 있죠. 개인적인 바람으로, 아이들의 교실 청소 임금 단가가 너무 낮아요. (하하) 뭐 사실 그것보다는 학교에 꼭 필요한 인력들이 있는데 그 인력 현장에 인센티브를 준다던가 발달장애 아이들이 노동할 수 있는 환경이 조성되고 지원이 따라주면 좋겠어요. 서로 상생하는 환경이 되는 것이죠. 지금 가장 바라는 점은 강서도 그렇고 특수학교가 여전히 너무 부족해요. 요즘 일반 학교 학생 수 자체가 많이 줄어서 빈 교실들이 많다고 하더라고요. 장애아동들이 분리 교육을 하더라도 있는 공간을 활용해 특수교육을 받을 수 있는 여건이 조성되었으면 좋겠습니다.

'정의로운 차등'이라는 안전벨트

_ 김영희(대학생)

서울지역기회균등전형은 '정의로운 차등' 차원의 교육격차 해소를 통한 교육 공공성 제고 정책으로 서울국제고에서 운영하고 있으며 합격자에 대하여 자치구와 민간재단의 기금으로 3년 동안 매월 생활장학금 형태로 경제적 지원을 하는 정책임. 김영희(가명) 학생은 서울지역기회균등전형 합격자로 3년간 생활장학금을 통해 학교생활에 안전벨트가 생긴 느낌으로 열심히 학업에 몰두할 수 있었다고 함.

교 안녕하세요. 김영희 학생. 진보 교육감에게는 예민할 수도 있는 공립특목고에 대한 이야기를 하려니 조금 조심스럽습니다. 더불어 학생들과 인터뷰를 하면 꽤 돌발적인 이야기들이 불쑥 튀어나와서 제가 더욱 긴장하게 됩니다. 그래서 이번 인터뷰가 더욱 기대되기도 합니다. 우선 간단하게 자기소개 부탁드려요.

김영희(이하 '김') 안녕하세요. 저는 서울국제고등학교를 졸업하고 대학에 입학한 학생입니다. 저 또한 오늘 인터뷰에 대한 기대가 큽니다. 교육에 대하여, 국제고에 대하여 평소 생각했던 바를 가감없이 말씀드리고자 마음의 준비를 하고 왔습니다. (하하)

교 어휴, 오늘 인터뷰가 순조롭지 않을 수도 있겠는데요. 제가 더욱 마음의 준비를 하고 임하겠습니다. 그렇다면 첫 번째 질문부터 시작하겠습니다. 아주 단도직입적일 수도 있는데요, 국제고에 가고 싶었던 이유가 무엇일까요?

김 일단 질문에 대해 두 가지 갈래로 나눠 답변을 드리겠습니다.

왜 특목고에 가고 싶었냐고 물으신다면 개인적인 소망으로 저랑 비슷한 가치관과 비슷한 꿈을 가진 집단에 속하기를 원했습니다. 평소 공익적 활동에 관심이 많은데 모두가 공익에 관심이 많은 건 아니잖아요. 예를 들면 저는 고등학교를 졸업하고 대기업에 취직해 많은 돈을 벌기보다 NGO 단체 같은 비정부기구나 공익을 위한 기관에서 일하고 싶었습니다. 그래서 당시 저의 꿈과 관련된 학습이 일반고보다 특수목적고에서 상대적으로 수월할 것으로 판단해 특목고에 진학하게 된 것이죠. 더불어 저는 서울에 있는 학교에만 진학이 가능했는데 서울국제고의 상대적으로 저렴한 학비나 기숙사가 큰 메리트였습니다.

교 사회통합전형으로 입학하신 걸로 알고 있어요. 교육청에서도 이 정책에 많이 신경 쓰고 있는데, 사회통합전형에 대한 본인의 의견이 많이 궁금해요. 아무래도 직접적인 혜택을 받고 입학한 만큼 장단점에 대해 현실적인 이야기를 해주실 수 있을 거 같아요.

김 사회통합전형으로 진학한 친구들 중에 적응을 잘 못하는 친구들도 있는데 저는 공부 욕심도 많았기에 고등학교에 진학해서도 굉장히 열심히 공부했습니다. 제가 지원했을 때 경쟁률이 1대 1이어서 더 확신을 가지고 지원할 수 있었죠. 친구들에게도 30%(현재 40%)가 꽤 큰 의미가 있었을 것이라 생각합니다. 경쟁률이 낮다고 해서 사회통합전형의 혜택을 받은 학생들이 일반전형 학생들과 경쟁했을 때 뒤처질 수 있다는 의미는 아닙니다. 사실 그 전형 정책 자체가 불리한 위치에 있는 친구들에게 이점을 주는 것인데 교육의 측면에서 공평하게 기회를 제공하자는 취지인 거죠. 그래서 저는 그런 기회를 준다는 것이 단순히 형편이 어려운 친구들에게 공짜로 이득을 주는 것이 아니라 상대적으로 좋은 환경에서 유리한 위치에 있는 친구들을 쫓아갈 수 있는 발판을 마련해주는 정책이라고 생각합니다.

교 좋은 환경에서 공부하는 만큼 미래를 위한 계획도 잘 짜고 있었으리라는 생각이 듭니다. 국제고에 다니던 당시 학생들의 꿈은 무엇이었나요.

김 물론 사람마다 다르죠. 공무원이나 선생님처럼 안정적인 직장을 꿈꾸는 친구들이 있었던 반면, 법조인을 꿈꾸는 친구도 있었습니다. 많은 친구들이 구체적인 미래를 그리고 있었던 것 같습니다.

교 입학부터 졸업까지 학교생활은 전반적으로 어땠나요? 특히 입학 당시 국제고에 대한 기대가 컸을 듯해요. 물론 아쉬웠던 점도 있었겠죠?

김 제가 좋았던 것은 무엇보다 '학비'죠. 대학교수님 못지않은 훌륭한 선생님들과 양질의 수업 덕분에 소위 가성비가 뛰어난 학교였던 것 같아요. 그리고 기숙사에서 지냈던 시간이 좋았습니다. 기숙사 생활을 하는 동안 학교 친구들과 다른 일반 학교 친구들은 누릴 수 없었던 끈끈한 유대감과 긴밀한 친분을 가질 수 있었습니다. 그리고 학교 내에서 사회통합전형 학생들을 위한 프로그램이 있었는데 그 프로그램에 참여한 아이들을 배려해 비밀스럽고 조심스럽게 진행해주신 점이 굉장히 기억에 남고 감사했습니다. 더불어 곧 사회통합전형이 50%가 된다고 들었습니다. 학교가 명색이 국제고인데 그렇게 되었을 때 해외 대학 진학률이 낮아져 국제고로서의 정체성이 줄어들지는 않을까 하는 우려가 있습니다. 편견일 수도 있겠지만 사회통합전형 친구들이 많은 비용이 드는 해외 대학 진학을 위해 충분히 감당하고 잘 준비를 할 수 있을지 의문이기 때문입니다.

교 그런 부분에 대한 걱정이 있을 수도 있겠군요. 정책 설계 시 그러한 디테일에 더욱 신경 쓰도록 하겠습니다. 김영희 학생은 교우관계에서 어려움은 없었나요?

김 전반적으로 두루 잘 지냈던 것 같습니다. 기숙사라는 한 공간에서 3년 동안 부대끼며 살아야 했기 때문인지 친구들과 서로 조심성 있게 배려하며 잘 지냈던 것 같습니다. 사회통합전형 학생에게 노골적으로 차별을 드러내거나 적의를 표출한 적은 없습니다만 학교 홈페이지 익명게시판에 사회통합전형에 대한 불만 글을 한두 개 정도 본 거 같긴 합니다. 그런데 학생들

전반적으로 높은 인권 감수성과 시민의식을 가지고 있기 때문에 특별히 불편한 기억은 없습니다.

교 장학금이나 경제적인 지원 시스템은 어땠나요. 만족할 만했는지 궁금하네요.

김 사실 거의 천만 원 정도 되는 금액을 지원받았습니다. 당시에는 살면서 그 정도 금액을 받을 일이 없다고 생각해서였는지 더 크게 와 닿더라고요. 물론 학교생활을 열심히 한다는 전제가 있지만 사실 학교생활을 열심히 하는 건 학생의 본분이고 당연한 거잖아요. 마치 안전벨트가 없으면 천천히 달릴 수밖에 없는데, 안전벨트가 있어 좀 더 속도를 낼 수 있는 그런 느낌이 들더라고요. 실제 생활에 있어 경제적 도움을 체감한 것도 맞지만 학교생활에 더 집중할 수 있는 정서적 만족감이 더 컸습니다. 학비를 생각하면서 생활한다는 것 자체가 정말 스트레스거든요.

교 전반적으로 학교생활을 하면서 자긍심 및 행복을 느꼈다고 했는데 구체적인 에피소드를 얘기해줄 수 있나요? 이러저러한 이야기들이 많았을 것 같아요.

김 저희 학교 친구들이 기본적으로 공부를 해본 애들이고 선생님들께서 어느 정도 지적 수준을 갖춘 아이들이라 생각하셨기 때문에 영어로 된 지문을 읽고 토론을 한다던가, 여러 지문을 엮어서 수업을 한다던가, 일반고에서 배우지 않는 국제정치, 미시경제, 인문지리 등의 과목을 따로 배웠습니다. 특히 저희 학교는 문과 특목고이다 보니 사회과학 계열의 수준 높은 수업을 들을 수 있었습니다. 저는 학교를 다니는 내내 이렇게 좋은 선생님의 양질의 수업을 좋은 친구들과 함께 배울 수 있다는 것 자체로 정말 행복했습니다. 예를 들면, 수업이 끝나도 쉬는 시간에 무작정 쉬지 않고 금방 했던 수업에 대해 자기 생각을 얘기한다던가, 누구 한 명이 질문하면 다그치는 분위기가 아니라 함께 듣고 같이 질문하는 등 서로 함께 공부하는 분위기였습니다. 당시에는 어렴풋이 느꼈는데 대학에 와서 보니 고등학교 생활이 정말 좋았고 제가 정말 괜찮은 집단에 속해 있었구나 하는 마음이 들었습니다.

교 다른 특목고, 외고보다 서울국제고가 특별히 더 좋은 점은 무엇일까요? 그리고 공립학교로서 사립보다 더 좋은 점도 말씀 부탁드려요.

김 물론 제가 다른 고등학교를 다녀 보지 않아서 잘 모르겠지만 그래도 제일 크게 다르다고 느끼는 점은 수업의 퀄리티였습니다. 비싼 학비를 내고 좋은 수업을 듣는 것과 저렴한 학비를 내고 좋은 수업을 듣는 것은 체감하는 바가 다르다고 생각하거든요. 또 다른 점은 다른 학교에 비해 인권 감수성이 높았던 것 같아요. 인권 감수성이 높은지 어떻게 알았냐면, 어느 날 학생 몇 명이 개인 연구를 위해 사회통합전형의 인식에 대한 설문 조사를 실시했는데 본인이 무슨 전형으로 입학했는지, 사회통합전형에 대한 생각은 어떤지 등을 물었습니다. 이때 설문지 수합이 잘 이뤄지지 않으면 자칫 사회통합전형으로 들어온 사람을 자습실 자리를 근거로 추측할 수 있었습니다. 그런 내용이 퍼지면 곤란한 상황이 생길 수도 있는데 학교 익명게시판에 관련 문제점을 지적하는 글이 올라오더라고요. 사회통합전형 비율이 높은 이유도 있겠지만 학교 분위기 자체가 굉장히 관용적이고 포용적인 민주 학교임은 분명해요. 학생들도 더 깊이 생각하고 말하거나 세심하게 배려하는 태도를 보였다고 생각해요.

교 영화나 드라마에서 볼 수 있는 영국이나 미국 고등학교 같네요. 정말 좋은 학교로 인지하고 계시니 제가 다 흐뭇합니다. 앞에서도 잠깐 이야기했지만 2022년부터 사회통합전형이 50%까지 올라갑니다. 이렇게 비율이 확대되는 것에 대한 학생들의 전반적인 분위기와 의견은 어땠나요?

김 글쎄요. 제 생각에는 반대가 더 많은 것 같아요. 앞서 말씀드렸듯이 비율이 높아지면 국제고라는 정체성이 흐려진다는 것도 있지만 '지원자 수'에 관한 문제가 있습니다. 저희 학교가 특목고치고 정원이 150명밖에 안 되는데, 저희 때도 그랬지만 일반전형 경쟁률이 굉장히 높습니다. 제가 꾸준히 모니터링한 것은 아니지만 사회통합전형은 갈수록 정원 미달입니다. 이 정도 경쟁률 차이가 나면 일반전형에 지원한 친구들 입장에서 굉장히 불만스럽고 문제 제기를 해도 이상하지 않은 상황이라고 생각합니다. 역차별처럼 보일 수도 있고요. 일반전형은 2대 1, 높으면 4대 1까지 가는데 사회통합전형은 계속 미달이니깐 '지원하면 붙는다'는 식으로 평가절하될까 봐 매우 우려됩니다. 50%가 되면 학교 내에서 '나는 높은 경쟁률로 붙었다'는 식으로 말하는 사람이 있는 반면, '나도 사회통합전형으로 쉽게 지원할걸' 등 서로 불만을 갖거나 비난할 여지가 생길 수도 있을 겁니다.

교 그런 문제점도 충분히 발생할 수 있겠군요. 따끔한 지적 감사합니다. 충분히 고려해서 국제고 정책을 한층 더 업그레이드 하도록 하겠습니다. 자, 그렇다면 서울국제고등학교에 입학하고 싶어 하는 후배들을 위해 한 말씀 해주세요.

김 이르긴 하지만, 저는 자신의 인생을 크게 바꿀 수 있는 전환점이 16살이라고 생각해요. 실제로 제가 서울국제고에 입학한 16살에 제 인생이 정말 많이 바뀌었다고 생각하고 내적 성장과 지적 성장을 동시에 이룬 것 같아요. 물론 수능 대비에 유리한 입시 환경을 원한다면 저희 학교에 입학하는 것이 부족하게 느껴질 수도 있어요. 하지만 좋은 사람을 만나고 수업을 들으며 본인의 내적 성장을 이루고 싶다면 저희 학교만큼 좋은 곳도 없을 것 같아요. 제 주변 사람이 공부를 어느 정도 한다는 가정하에 입학에 대해 고민 중이라면 적극 추천할 것 같아요. 물론 사회통합전형이 된다고 무조건 좋은 것도 아니고 정말 뛰어나고 악착같이 공부하는 친구들 사이에서 내가 잘 견디고 이겨낼 수 있는 강한 의지가 있는지도 생각해야 합니다. 처음부터 겁먹으라는 얘기는 아니고요. 제가 처음 입학했을 때 친구들이 공부를 잘해서 제가 못할 줄 알았는데 그 정도까지는 아니었기 때문에 지레 겁먹고 크게 움츠러들지는 않았으면 좋겠어요.

교 좋은 수업은 과연 어떤 수업일까요. 국제고 이야기를 하는 중 좋은 수업을 받았다는 이야기를 참 많이 했어요. 그래서 더욱 궁금해지네요.

김 제가 기억하는 좋은 수업이 몇 개 있어요. 그 중 정말 인상 깊었던 수업은 고등학교 1학년 때 《죽은 시인의 사회》라는 책을 영어 원서로 읽었던 수업입니다. 그냥 단순히 책을 읽었으면 못 읽는 친구들이 많았을 거예요. 하지만 선생님께서 범위를 정해 오셔서 매시간 모르는 부분을 읽고, 모르는 단어에 대해 공부하고, 그다음 시간에는 친구들과 토론하거나 발표를 하며 굉장히 짜임새 있는 수업을 받았습니다. 단순히 교과서대로 공부하는 것이 아니라 선생님께서 아이들 수준에 맞게 잘 짜인 커리큘럼 안에서 아이들이 잘 따라올 수 있도록 단계별로 굉장히 세심한 수업을 하신 거죠. 또 원서만 공부하면 힘드니

간 학생들이 조금 수월하게 공부할 수 있도록 선생님께서 직접 보충 자료를 만들어 주셨는데 학생들에게 모두 떠 먹여주는 대충 만든 자료가 아니라 한 단계 더 성장할 수 있도록 도와주는 양질의 자료였습니다. 사실 학교 자체가 선생님들의 희생으로 만들어진 것 같아요. (하하)《죽은 시인의 사회》속 키팅 선생님만큼 자유분방한 선생님들은 아니지만 아이들의 수준을 정확히 파악하시고 그에 맞는 높은 강의력으로 수업을 하신다는 점이 좋아할 수밖에 없었던 이유 같아요. 특히 고등학교 2학년 때 국어 선생님께서 한나 아렌트의《예루살렘의 아이히만》이라는 책을 가져오셔서 인간에게 성찰이 얼마나 중요한지에 대해 수업해주셨는데 아직까지도 기억이 생생할 정도로 인상 깊은 수업이었습니다. 생각해보면 굉장히 어려운 수업을 아이들이 쉽게 이해할 수 있는 난이도로 잘 풀어서 깨달을 수 있게 돕는 좋은 수업이 많았던 것 같아요.

교 고등학교 2학년 때《예루살렘의 아이히만》이라니 놀랍기만 합니다.

김 시험 범위도 아니었고 시험 결과까지 모두 나온 시기라면 보통 영화를 틀어주거나 하면서 편하게 보내실 만도 한데 진짜 수업 못지않게 열과 성을 다해 준비해 가르쳐 주셨거든요. 그 선생님은 정말 너무도 본받고 싶고 정말 참스승이라고 생각해요.

교 바로 앞에 앉아 있는 저, 교육감을 비롯해 서울시교육청에 하고 싶은 말이 있으면 거침없이 이야기해주세요. 경청할 마음의 준비를 하고 있답니다.

김 환경재단을 통해 사회통합전형 친구들에게 장학금을 주시고 좋은 환경에서 공부할 수 있는 기반을 만들어 주신 점에 대해 감사합니다. 마치 놀이터가 없던 친구들에게 잘 놀 수 있는 놀이터를 만들어 주신 거라 생각해요. 아쉬운 점을 말씀드리자면, 사회통합전형 비율이 50%로 확대되는 것은 조금 더 신중할 필요가 있다고 생각합니다. 그에 대한 이야기는 앞에서도 말씀드렸으니 심사숙고 부탁드립니다. 또한 학교 건물 수리가 제때 이루어졌으면 좋겠어요. 마지막으로 학생들을 위한 괜찮은 프로그램이 더 많아질 수 있도록 실질적인 재정적 지원이 더 늘어났으면 좋겠습니다.

'온마을'이 키운 날라리

_ 최다솜(대학생)

서울형혁신교육지구는 질 높은 공교육과 어린이 청소년이 행복한 교육도시 서울을 위해 서울시교육청과 서울시, 25개 자치구가 학교, 지역사회와 함께 협력하여 어린이 청소년의 행복한 성장을 지원하는 정책. 어린이·청소년들이 교실을 넘어 지역사회의 다양하고 생생한 경험이 함께할 수 있도록 학교와 지역사회의 협력과 소통을 강조하고 있으며 '누군가를 변화시키는 좋은 영향력이 있는 사람'을 만나 변화 발전하고, 결국 '내가 누군가를 변화시키는 좋은 영향이 있는 사람'이 되도록 다양한 만남과 배움의 기회를 제공하려 노력하고 있음. 최다솜 님은 방황하는 중학교 시절을 보낼 때 구로혁신교육지구 청소년 뮤지컬단 〈온마을〉을 만나 인생의 변화를 맞이하고 지금은 구로혁신교육지구의 청소년 멘토로 활동하고 있음.

교 안녕하세요. 다솜 학생과 인터뷰를 하려니 괜히 설레고 떨리고 그러네요. 청소년 드라마나 영화에서 봤을 법한, 꼴찌에서 1등까지 경험한 것으로 알고 있어요. 뭐랄까, 약간 연예인을 만나고 있다는 느낌마저 들어요. (하하)

최다솜(이하 '최') 저는 초등학교 때 전교 회장을 하거나 친구들 앞에 적극적으로 나서는 것을 좋아했고 더불어 예체능 활동에 굉장히 열심이던 학생이었습니다. 그런데 중학교에서는 저의 이런 활달한 모습에 대해 선생님들과 친구들이 좋지 않은 시선을 보내더라고요. 그래서 억압적인 분위기와 무엇인가 결핍된 상황들로 인해 소위 질이 좋지 않은 친구들과 어울리기도 했습니다. 하고 싶은 것도 마음대로 못 하고 가정형편이 어렵기도 하고 주변 친구들과 선생님들의 비난의 시선 때문에 생각 없이 더 막 살았던 것 같습니다. 공부도 아예 하지 않았어요. 좋아하지도 않았고요. 어디에서든 튀었습니다. 저는 그 '튄다'는 말이 귀에 거슬렸습니다. '너는 지금 잘못 살고 있으니깐 보편적으로 살아라'는 채근처럼 느껴져 매우 불쾌했습니다.

교 '튄다'는 행동은 어떤 행동이었을까요? 얼핏 들으면 나쁜 것 같지 않은 단어인데 말이죠.

최 앞서 말씀드렸듯이, 저는 끼도 많고 축제나 수련회 같은 곳에서 앞에 나서서 춤도 추고 노래하는 것도 좋아했습니다. 제 생각에는 남들이 봤을 때 일반적인 학생이 아닌 것처럼 보였던 것 같아요. 맞벌이이신 부모님 때문에 할머니와 함께 살았고 집보다 밖에 있는 시간이 많았던 저는 부모님의 애정에 대한 결핍과 외로움을 느꼈던 청소년이었을지 모릅니다. 그래서 이 결핍을 밖에서 채우려고 굉장히 활발하게, 소위 튀는 행동을 했던 것 같습니다. 무서운 게 없었기 때문에 하고 싶은 대로 생각 없이 무례하게 행동했던 적도 많았어요. 흔히 말하는 온갖 나쁜 행동을 많이 했었는데 가출이나 술, 담배도 하며 소위 '비행'이라는 행동을 하면서 제가 가지고 있던 에너지를 부정적으로 쏟던 방황의 시절이었습니다.

교 그러다가 우연히 중학교 3학년 때 구로혁신교육지구 청소년 뮤지컬극단 〈온마을〉을 만나게 된 거죠? 그러면서 인생이 변화하는 계기를 갖게 되었다고 들었습니다. 지금은 구로구의 스타이자 청소년 멘토라는 소문이 자자하더라고요.

최 학교 복도에서 우연히 공고문을 봤습니다. 친구들이 '너 노래 잘하니깐 한번 해봐'라고 권유해 용기를 내어 오디션을 보게 되었습니다. 그런데 덜컥 합격했어요. 사실 오디션 현장은 저에게 매우 견디기 힘든 곳이었습니다. 굉장히 조용하고 숨 막히는 면접 같았죠. 5명의 선생님께서 앉아계셨는데 그 앞에서 춤과 노래, 그리고 연기를 해야 했어요. 당시에 '겨울 아이'라는 노래를 불렀던 거 같아요. 이후 질의응답 시간에 겉보기에도 소위 '노는 아이' 같았던 저를 부정적으로 생각하실 줄 알았는데 한 선생님께서 '잘 왔다'라고 하시면서 저를 반겨주시더라고요. 그때 '이게 뭐지?' 싶다가 모르는 사람이 나를 격려하고 애정 어린 시선으로 대하는 것이 어색하기도 했지만 인정받는 것 같아 신기하고 좋았습니다. 이후 자연스럽게 일주일에 한 번 토요일마다 참석했는데 네 시간 정도 수업과 연습을 병행하면서 친구들과 어울렸습니다. 처음에는 친구들이 삐딱하고 겉보기에 불량해 보이는 저를 별로 좋아하지 않았어요. 그런데 선생님들은 처음부터 저를 매우 좋아해 주셨습니다. 예술 전공 교사분들이셔서 그런지 저를 변화시키고 싶은 책임감 같은 게 생기셨나 봐요. 그래서 일부러 저에게 비중이 있는 역할과 노래 파트를 주시며 제가 열심히 할 수 있도록 격려해 주셨어요. 제가 삐딱하고 버릇이 없었지만 분명히 재능이 있고 이 재능을 충분히 발현할 기회가 없었을 뿐이라고 말씀하셨죠. 그렇게 시간이 지나고 차츰 그 친구들과 어울리게 되면서 변화하기 시작했던 것 같아요. 뮤지컬 무대에 섰던 기억도 생생해요. 〈시간 저편, 엄마의 노래〉라는 창작극이었는데 구로공단 이야기를 모티브로 삼은 두 시간 반짜리 뮤지컬이었습니다. 저의 첫 공연이었죠. 공연이 끝나고 커튼콜에서 박수갈채를 받는데 제가 살아 있다는 기분을 느끼게 된 것 같아요. 그때 알았죠. 나는 이거 아니면 못 살겠다는 생각이 들더라고요. 그때부터 모든 것을 끊어내기 시작했습니다. 박수를 받았던 그날 이후, 본래 생활하던 생활 방식을 모두 끊어내고 방황 또한 끊어내게 되었습니다. 또 난생처음 목표와 꿈이 생겨 이날을 기점으로 새로운 사람으로 새로운 삶을 살게 되었습니다. 솔직히 그렇게 바뀌나가는 시간이 매우 힘들었지만 힘든 것을 견뎌낼 만큼 제게는 커튼콜의 박수가 더 소중했고 제가 바뀌게 된 원동력이었던 것 같습니다. 당시 내신 성적이 부족해 일반 인문계 고등학교를 갈 수 없는 상황이었는데 여차여차해 예림디자인고등학교라는 특성화학교에 합격까지 했습니다.

교 커튼콜의 박수가 왜 그렇게 특별하게 와닿았을까요? 무대에서 살아 숨 쉰다는 바로 그런 감정이었을까요.

최 처음으로 무대에 올라 조명을 받고, 관객과 마주하고 있으니깐 내가 '인간'이구나 하는 느낌을 받았습니다. 신기했죠. 그리고 관중들이 저를 보면서 웃고 우는 것을 보고 나도 사람들에게 어떤 영향력을 줄 수 있구나 하는 생각을 하게 되었던 것 같아요. 공연이 끝나고 커튼콜에서 사람들이 기립박수를 칠 때는 정확히 표현하기는 어려운데, 하늘을 날고 있는 기분이 들 만큼 너무 신선하고 행복한 감정이 드는 순간이었습니다. 어떤 생각이 정확히 든다기보다 오감이 모두 열려서 분위기 자체에 젖어 드는 느낌이랄까요.

교 '나'의 인생을 바꾸어 버린 그 공연을 누가 보러 오셨나요? 저도 그 자리에 있었다면 기립박수를 보냈을 거예요, 분명히.

최 부모님만 오셨습니다. 사실 부모님께서 젊으셨을 때 연극을 하셨는데 처음에는 제가 공연을 준비한다고 했을 때 별다른 기대도 하지 않으셨어요. 그런데 제가 연습 기간 동안 점점 변화하는 것을 보시면서 예술이 효과가 있다고 생각하셨던 것 같아요. 그래서 첫 공연 때 엄청 감격하셨죠. 암튼 그 이후 저는 '이 일을 계속해야 살겠구나'라고 느꼈습니다.

교 예림디자인고등학교에 진학하셨어요. 그런데 지금까지 이야기를 들어보면 예술고등학교에 진학해야지 뭔가 딱 맞아떨어지는데 어떻게 그 학교에 가게 되었는지 궁금하네요. 디자인고등학교에서는 어떤 공부를 했나요? 그리고 대학에서 드디어 원하는 공부를 하게 되었어요.

최 원래 서울공연예술고등학교에 진학할 의사가 있었는데 당시 입시에 대해 아예 몰랐기 때문에 서투른 나머지 면접에서 떨어졌습니다. 서울공연예술고등학교 건너편에 저희 학교가 있는데 디자인 전공이 아닌 경영 관련 학과에 들어갔습니다. 제가 중학교에서는 전교 꼴등이었는데 대학에 가서 공연을 전공해야겠다는 목표가 매우 뚜렷해서 공부는 정말 싫어했는데, 진짜 열심히 공부해 고등학교에서는 전교 1등을 하기도 했습니다. 고등학교 선생님들께서는 저의 재능과 끼를 굉장히 좋아해 주셔서 학교에서 어른들을 모시고 하는 행사나 잔치에서 트로트를 부르거나 춤추는 재능기부 형식의 공연을 많이 했습니다. 축제에서 공연하거나 합창대회에서 1등을 하기도 했어요. 그런데 저는 고등학교 2학년 때까지 방과 후에 〈온마을〉 극단 친구들과 어울리고 하고 싶은 것에 몰두하다 보니 학교 친구들이랑은 별로 어울리는 시간이 없었던 것 같아요. 고등학교 3학년 때까지 정기 공연을 하고 입시를 준비해야 해서 어울릴 시간이 더 없었던 거죠. 그래도 하고 싶은 일을 해야 한다는 생각에 별로 후회는 없었습니다.

교 가천대 공연예술학과에 결국 입학했죠? 경쟁률이 어땠나요. 요즘 K-컬처의 인기로 인해 그러한 학과들의 경쟁률이 어마어마하다고 알고 있어요.

최 32명을 뽑는데 171대 1이라는 엄청난 경쟁률이었습니다. 그만큼 학교 공부와 더불어 전공 공부도 열심히 하고 연극도 많이 보러 다니며 내일이 없는 것처럼 노력했어요. 최종적으로 지금의 가천대에 합격한 거죠.

교 정말 영화나 드라마에 나오는 드라마틱한 이야기예요. 본인도 이러한 삶을 살 거라 예상치 못했을 거 같아요.

최 정말 몰랐죠. 제가 소속된 극단이 있는 구로구에서 저를 굉장히 좋아해 주셨습니다. 꿈과 목표도 없던 아이가 극단에 들어가 꿈을 찾고 스스로 꿈을 위해 변화하는 모습을 대견하게 봐주신 것 같아요. 최근 청소년 멘토로 문화재단에서 기획한 강연회에 참여하거나 공연 지도 및 스태프 역할을 하고 있습니다. 저를 청소년들의 본보기가 되는 지도자로 많이 찾아주시는 것 같아요. 그래서 원래는 배우가 꿈이었는데 저도 선생님들에게 많은 가르침을 받고 긍정적으로 변하게 된 경험이 있어서인지 저처럼 방황하던 친구들을 일으킬 수 있는 지도자나 멘토로서 거듭나고 싶습니다. 제가 겪어봤기 때문에 그 친구들을 남들보다 더 잘 이해하고 변화시킬 수 있다 생각했고 고등학교 3학년 입시를 마친 후, 다섯 군데 학교에서 보조교사를 경험한 적이 있는데 실제로 학생들이 학교 선생님들보다 저를 더 좋아하고 잘 따르는 것을 보고 그때부터 '내가 누군가를 변화시키는 좋은 영향력이 있는 사람'이라는 것을 더 확신하게 되었습니다. 그 이후부터 지금까지 청소년들을 직접 만나고 청소년들의 문화예술에 대해 지속적으로 관심을 갖게 되었어요. 그동안의 경험 덕분에 선생님이라는 꿈을 꾸게 되었고 현재 학교에서 선생님이 되기 위해 굉장히 열심히 공부하고 있습니다.

교 〈온마을〉에서 활동하던 때와 대학교에서 활동하고 있는 현재가 많이 다를 것 같아요.

최 네, 많이 다르더라고요. 〈온마을〉에서는 모두가 한마음 한뜻이었어요. 〈온마을〉은 한국 역사를 토대로 창작을 합니다. 5.18민주화운동이나 구로공단 이야기, 3.1운동, 4.19혁명 등을 주제로 두 시간짜리 공연을 만들죠. 그래서 작품을 제작하는 과정에서 극단 친구들은 자연스럽게 역사에 대해 공부하고 이야기의 인물에 대해 진정으로 이해하게 되며 올바른 역사 가치관을 갖게 되는 거죠. 대학에서도 이런 과정을 거치게 될 거라 기대했는데 그렇지 않더라고요. 제 생각과는 전혀 달랐습니다. 대학교에 가면 〈온마을〉의 연장선으로서 열정을 쏟아내는 곳이 될 줄 알았는데, 대학교는 학교이기 때문에 제한받는 것도 분위기 자체가 다르기 때문에 학문을 배운다는 것은 흥미로웠지만 제가 기대하던 바와는 달랐습니다.

교 서울시교육청 구로청소년문화예술팀에서 대학생 초청팀으로 협력 공연을 한 것에 대한 이야기 부탁드립니다. 이제 본인의 선한 영향력에 대한 다양한 이야기를 들어보고 싶네요.

최 서울시교육청 문화예술팀 담당 선생님께서 친구들이랑 10분짜리 뮤지컬을 만들어달라고 제안해 주셨습니다. 그래서 '꿈'에 대한 이야기를 담은 10분 정도 되는 공연을 서울예대 재학 중인 친구들과 이번에 입학한 친구들이 함께 모여 직접 대본을 쓰고 제작했습니다.

교 그 공연에서 다솜 학생은 어떤 역할을 했나요? 연출을 했을 것 같기도 하고 다시금 무대에서의 감동을 느껴보고자 배우였을 거 같기도 한데요.

최 기획과 배우를 맡았습니다. 작품에서 저희가 겪었던 청소년기의 혼란을 표현했어요. 누군가 우리에게 꿈을 물을 때 진짜 꿈이 아니라 직업과 관련된 상투적인 꿈을 말하는 현실이 안타까웠습니다. 저는 꿈은 없어도 된다고 생각해요. 꿈은 오늘 다르고 내일 다를 수 있으며 아예 없을 수도 있는데, 그 사실을 잘못된 것이라 생각하는 청소년들이 안타까웠죠. 그래서 이런 내용을 담아 뮤지컬로 만들었습니다.

교 들어도, 들어도 감동적이에요. 다솜 학생에게 감사하고 고맙다고 얘기하고 싶어요. 자, 그렇다면 문화예술이 사람을, 특히 청소년을 변화시킬 수 있다고 믿는 거죠?

최 이에 대해 정말 생각을 많이 했습니다. 그런데 생각보다 간단했습니다. 문화예술, 예술이라는 것 자체가 답이 없다고 하지만 그렇지는 않은 것 같아요. 문화예술을 하려면 누구보다 뚜렷한 가치관과 박학다식해야 한다고 생각해요. 내 삶이 윤택하지 않고, 내 생각이 올바르지 않고, 나라는 사람이 좋은 사람이지 않으면 예술이라는 것은 절대 할 수 없다고 생각합니다. 저는 좋은 사람이 연기를 했을 때 좋은 연기를 선보이지, 나쁜 사람이 좋은 연기를 선보일 수 없다고 믿어요. 연기의 진정성이 느껴지지 않는 거죠. 제가 연기예술과 문화예술을 계속하는 이유가 저 자신이 좋은 사람으로 변화하려 하고 그런 변화를 몸소 느끼기 때문인 것 같아요. 그리고 예술을 잘하려면 좋은 사람들과 소통하고 좋은 마음과 좋은 가치관을 가지는 게 중요합니다. 어쨌든 예술을 통해 사람들에게 나누고자 하는 메시지를 잘 전달해야 하니까요. 좋은 전달자가 되기 위해 경험도 많이 쌓고 새로운 시도와 실패를 겪는 예술가가 되어야 합니다. 그 모든 경험을 바탕으로 얻은 깨달음과 가치관이 예술이라는 매개체로 좋은 영향력을 줄 수 있으니깐요.

교 〈온마을〉 덕분에 최종적으로 어떤 혜택을 받았다고 생각하나요? 뭐, 이미 너무 좋은 이야기를 많이 해주셨는데 그래도 한마디로 이야기하자면?

최 제가 '사람'이 되었다는 겁니다. 이전보다 조금 더 나은, 조금은 더 좋은 사람이 된 것 같아요. 선생님들께서는 저의 일화나 글을 수업 시간에 종종 학생들에게 들려주시곤 합니다. 제가 집필한 문화예술 청소년 멘토 잡지로 수업을 하실 만큼 수업 시간에 저에 대해 많이 말씀하시는 걸로 알고 있어요. 그래서 그덕에 성인이 된 지금도 많은 청소년들이 절 알고 있고 좋아해주는 것 같아요. 제가 학기 말에 음향 스태프로 친구들 활동을 도와주곤 했는데 절 알아보고 먼저 인사해주고 찾아와주는 학생들도 있었고, 먼저 연락이 와서 자신의 고민에 대해 질문하고 제 답에 위로받았다는 학생들도 있었어요. 그럴 때면 제가 드디어 조금이나마 좋은 영향력을 끼치는 사람이 되었구나 하는 마음에 더 좋은 영향이 되고 싶어 청소년을 대상으로 하는 강연도 많이 다니고, 청소년들의 말에 더욱 귀 기울이고 싶어 합니다. 청소년들이 저로 인해 조금이나마 변화하는 것이 제게는 새로운 원동력이자 보람이 되거든요. 개인적으로 제가 아무리 변화했더라도 제 학창 시절 방황이 후회되고 부끄러운 건 사실입니다. 그렇기에 늘 반성하는 마음을 갖고 있고요. 그래서 지금 더 좋은 일들을 하고 싶어 하고, 내가 어떤 선한 영향을 끼칠 수 있을지 고민하고 있습니다. 앞으로도 계속 그러고 싶고요.

교 오늘 인터뷰는 정말 가슴 깊숙이 오래 남을 것 같아요. 제게도 큰 울림을 주었습니다. 자, 마지막으로 서울시교육청에 한 말씀 해주세요.

최 제가 가장 고마웠던 것은 서울시교육청이 이렇게까지 청소년들에게 관심을 기울이고 있는지 몰랐던 것입니다. 제가 경험해보고 문화재단에 관심을 갖다 보니 청소년을 위한 수많은 프로그램과 활동이 존재한다는 것을 알게 되었습니다. 그래서 저는 정말 좋은 기회를 주신 점에 감사했습니다. 그리고 저와 마찬가지로 학교 밖 청소년들, 소위 비행 청소년들을 부정적으로 여기지 않고 품어주시는 것에 감동이었고 감사했습니다. 왜냐하면 그들이 저지르는 비행과 방황이 도덕적이지 않고 잘못된 건 사실이지만 그 청소년들도 그렇게 된 근본적인 이유가 있다고 생각하기 때문입니다. 제가 겪어본바 대부분 결핍과 부족한 사랑이었던 것 같습니다. 그런 결핍을 문화예술로 채워주는 기회를 주셨으니 서울시교육청에 굉장히 감사할 수밖에 없습니다. 아쉬운 점은 청소년 멘토가 부족하다는 것입니다. 저는 학교나 문화센터 선생님들보다 직접 그 시기를 겪은 저와 같은 멘토가 더 필요하다고 생각해요. 선생님이라고 불리지 않고 언니, 오빠라고 불리는 사람들인 거죠.

교 사실 다솜 학생은 많이 예외적인 특별한 경우이긴 해요. 그렇다면 그러한 청소년 멘토를 어떻게 찾을 수 있을까요? 저부터 집중해서 들어봐야겠네요.

최 제가 경험한 이런 프로그램을 거쳐 청년이 된 친구들, 스스로 불가능을 가능으로 만들었던 경험이 있는 청년들을 초청하는 방법도 좋을 것 같습니다. 생각보다 흔하진 않지만 곳곳에 그런 보석 같은 친구들이 숨어 있다고 생각해요. 저와 가장 가까운, 같이 공부하고 있는 친구도 굉장히 어려운 과정을 스스로 극복해서 지금은 주변에서도 많이 찾는 학생이자 저도 부러워할 만한 사람이 되었습니다. 그리고 저와 가까이 지내는 오빠가 있는데 그분은 128cm인 저신장 장애를 가졌습니다. 그런데

도 그 장애를 한계라 여기지 않고 끊임없이 노력해 지금은 아주 활발하게 활동하는 배우이자 학생이 되곤 했습니다. 저는 실제로 저와 가까운 사람인데도 불구하고 이 사람들을 존경하고 여러모로 아주 많이 배우곤 합니다. 그렇기에 이런 특별한 경험을 가진 청년들이 직접 청소년들을 만난다면 엄청난 배움과 선한 영향을 뿜어낼 수 있을 거라 생각하고 이 청년들이 청소년을 직접 만나고 소통할 수 있는 기회들이 마련되었으면 좋겠다는 마음입니다. 이에 더해 청년들을 위한 일자리가 확대되었으면 좋겠다는 바람도 있습니다. 특히 대학생이 아닌 청년들을 위한 프로그램, 대학생이 아닌 청년들을 위한 일자리도 마련될 수 있었으면 좋겠습니다. 적극 검토해 주시면 감사하겠습니다.

'꿈'을 찾다

_ 이은지, 어머니

찾아가는 검정고시 정책은 거동이 불편한 중증 장애인들이 새벽부터 힘겹게 고사장으로 이동하여 호흡기를 차거나 매트에 누워 고통스럽게 시험에 응시하는 현실에 대응하여 만들어진 정책임. 2018년부터 시행하여 현재까지 총 12명의 응시자가 있었고 6명이 합격하였음. 고사장에 2인 1조 감독관 파견으로 엄중하게 관리하고 있으며, 이은지 님은 2021년 3월과 8월에 중학교, 고등학교 검정고시에 합격하여 현재는 대입을 준비하며 자신의 꿈을 일구어 가고 있음.

| 교 | 은지 씨, 안녕하세요. 오랜만이에요. 처음 은지 씨를 만났을 때의 순간이 떠오르네요. 너무나도 씩씩한 은지 씨 모습에 제가 지금도 힘들 때마다 그때를 떠올리거든요. 우선 자기소개 부탁드려요.

이은지(이하 '은') 안녕하세요, 이은지입니다. 저는 열악한 환경에서 여러 번 사고가 나서 다치고 이후 친척분께서 소개해준 병원에 갔는데 오진으로 인한 잘못된 약 처방으로 부작용이 생겨 뼛속부터 피부 겉까지 망가졌습니다. 그런 상황에서 치료 방법을 찾다가 경제적 어려움으로 집에 있던 중 운동 겸 산책을 잠시 했는데 다리가 부러지기도 했어요. 그런데 병원에서 깁스도 잘못하고 다리뼈가 이상하게 붙어 잘 구부러지지도 펴지지도 않아 결국 이렇게 누워 있기만 했어요. 장애 정도가 심해 다른 일반적인 사람들의 삶을 살지 못했습니다. 혼자 있는 시간이 많아서 TV를 보거나 책을 읽거나 기도를 하는 등 혼자서 할 수 있는 것들을 중심으로 생활해왔습니다.

교 혼자 있는 시간 중에 책을 읽으셨다고 하셨는데 어떠한 책을 읽었는지 궁금하네요. 책을 통해 바깥세상과 소통하는 계기가 되었으면 하는 마음이 들기도 합니다.

은 저는 10대 때부터 누워 있는 시간이 많았기 때문에 책을 통해 간접경험을 하는 시간이 매우 소중하고 행복했습니다. 가장 감명 깊었던 책으로 《명심보감》과 톨스토이 단편집 《사람은 무엇으로 사는가》를 꼽을 수 있겠네요.

교 은지 씨가 특별히 좋아하는 책이라고 하니 다시 한 번 읽어봐야겠네요. 뜻깊은 책을 추천해주신 것 같아 제 마음이 더 풍성해집니다. 자, 오늘의 인터뷰 목적에 충실해지고자 몇 가지 질문 드리는 시간으로 넘어가 볼게요. 서울시교육청에서 진행하는 '찾아가는 검정고시'라는 프로그램을 통해 검정고시를 치르셨는데 어떤 경로로 알게 되셨나요?

어머니(이하 '어') 제가 대신 대답해드리겠습니다. '찾아가는 검정고시' 이야기를 하기 전에 저희 아이 상황에 대해서 약간 설명드려야 할 거 같아요. 저희 아이가 초등학교 3학년 때 다리가 부러져 병원에 가게 되었는데 오진으로 인해 약물을 잘못 투여받았습니다. 당시 어린아이에게 스테로이드와 면역억제제를 과다 투여해 대퇴골 두 개가 모두 부러졌고 소아정형외과에서 한 깁스가 잘못 처치되어 다리가 굽혀지지 않는 상태에 이르렀어요. 그 이후, 가끔 진료차 병원에 가긴 했지만 학교에 등교하는 것은 물론 외출도 거의 하지 못하게 되었습니다. 사실 저는 병원의 두 번의 오진으로 인해 아이가 이렇게 장애를 갖게 되었기 때문에 병원 자체에 큰 불신을 갖고 있었고 검진을 위해 가끔 병원에 방문하는 것조차 달갑지 않았습니다. 하지만 이후 훌륭한 의료진과 병원을 만나 덕분에 아이가 호전을 보였고 여전히 누워 있는 상태이긴 하지만 이만큼이라도 회복한 점에 대해 굉장히 기뻤습니다. 이렇게 조금 나아진 딸아이를 보면서 희망이 생겨 어느 날 제가 검정고시를 제안했으나 아이는 바로 거절 의사를 밝혔습니다. 이후 아이가 드디어 승낙했습니다. 용산에 있는 곳에 검정고시 신청을 하러 가니 그곳에 계시던 담당 선생님께서 요즘은 교육청에서 '찾아가는 검정고시'라는 프로그램을 제공한다고 말씀해주셨어요.

교 '찾아가는 검정고시'를 소개받기 전까지 어떻게 시험 장소로 이동하려 했을지가 궁금해요. 검정고시를 보는 것도 쉽지 않은 결정이었을 텐데 그 장소까지 이동하는 것도 만만치 않은 과정일 것 같아요. 그 용기와 결정에 박수를 보냅니다.

은 저의 장애 상태는 뼛속까지 망가졌을 만큼 심각했기 때문에 휠체어를 타거나 일반적인 이동 수단으로는 이동이 불가능합니다. 결국 사설 구급대를 통한 특수장비로 이동해야 하는데 이 수단은 정부 지원이 없기 때문에 20~30만 원 가량의 비용이 소모됩니다. 그렇기에 저에게는 '이동'이라는 것 자체가 굉장히 어려운 일입니다. 시험장까지 가기 위한 여러 요건이나 비용을 고려했을 때 매우 부담스러울 수밖에 없었어요. 사실 검정고시에 지원하게 된 계기가 두 가지가 있어요. 장애로 인해 공부도 제대로 하지 못하고 누워서 생활하는 저에 대해 어느 친척분께서 험담하는 것을 듣고 어머니는 저에게 그분의 말이 틀린 것임을 증명해 보자는 듯 검정고시를 제안하셨고 저도 이에 화답한 것이 시작이었어요. 또 다른 입장에서 시험을 보게 된 이유도 말씀드릴게요. 제가 13살이었을 때 유명 가수였던 보아 씨가 학교에 다니지 않고 검정고시를 통해 학위를 취득한 것을 보게 되었고 혼자서도 충분히 빠르게 학위를 취득하고 20살이 되기 전에 대학에도 갈 수 있겠다는 희망을 품게 되었습니다. 그러나 현실은 녹록치 않았고 10대 시절 계속 누워 있어야만 했죠. 어머니는 이 얘기를 꺼리시지만, 친척들은 제가 장애를 가진 뒤, 일상생활이 불가능하고 심한 장애를 가진 점에 대해 끊임없는 험담과 모욕적인 말들을 늘어놓았고 그들과 대화는커녕 늘 혼자 격리되어 있는 상태로 지내며 큰 상처를 받았습니다. 앞서 말씀드렸던 험담을 한 친척분이 다녀간 후, 검정고시에 응시하겠다는 굳은 마음을 먹게 되었습니다.

어 덧붙여 말씀드리자면 작년에는 아이가 시험에 응시하는 것을 거부하다가 올해 응시하겠다고 마음을 먹었습니다. 시험을 보는 장소가 언주중학교라고 하더라고요. 그래서 특수 이동장비를 갖춘 구급차를 타고 아이와 함께 갈 준비를 해야겠다는 생각을 하고 있었죠. 그런데 용산에 있는 검정고시 신청을 접수하는 곳에서 교육청에서 근무하시는 어느 선생님을 만났는데 언주중학교까지 가서 시험을 보는 것이 무리라 이야기해주셨고, 아이의 장애에 대해 상세히 설명하니 그 선생님께서 '찾아가는 검정고시' 서비스를 추천해주셨어요. 그래서 응시하게 된 거죠. 이후 그분의 도움으로 3월과 8월에 각각 중학교 과정과 고등학교 과정을 모두 통과했습니다. 덕분에 시험도 무사히 치르고 성적도 잘 나오게 되었죠.

교 은지 씨 책상을 보니 수능 학습지가 있네요. 수능도 준비 중이신가요.

은 2021년은 어려울 것 같아요.

어 수능에 대해서는 아직 제대로 알지 못한 것이 많아서 더 알아보니 올해는 불가능하고 내년에 치르려고 합니다. 2022년에는 가능하겠죠?

은 저는 사실 책으로 공부할 수가 없어요. 현재 근육과 피부세포 손상으로 인해, 손가락이 많이 구부러지고 불편해서 책을 잡고 볼 수가 없거든요. 그러니 원하는 동작을 할 수 없습니다. 지금은 책으로 보는 것이 거의 불가능하고 e-book을 통해서 공부하고 수업하는 것이 가능합니다.

교　수능 준비를 한다는 것은 대학 입학을 준비한다는 것이잖아요. 학교에 가고 싶은 꿈이 클 것 같아요. 대학 생활에 대해 어떠한 기대가 있나요.

은　물론 대학 생활을 마음껏 누리고 싶지만 가장 큰 고민은 역시나 이동 비용 문제입니다. 다행히 요즘은 비대면 수업이 활성화되어 있다고 들어 이동이 불편한 저는 가능하다면 비대면 수업을 듣고 싶어요. 그리고 제가 대학에 입학한다면 일반적인 신입생들에 비해 나이가 많은 편이라 세대 차이나 문화 차이가 있어 잘 적응할까 우려되는 점도 있습니다. 하지만 '배움'이라는 것에 나이가 큰 걸림돌이라고 생각하지 않고 배움을 통해 저와 같은 어려움을 겪는 사람들에게 좋은 영향력을 끼칠 수 있기에 대학입시에 대해 긍정적으로 생각하고 있습니다.

교　대학 생활을 열심히 할 은지 씨의 모습이 너무 기대됩니다. 파이팅부터 하고 싶어요. 그렇다면 졸업 후에는 무슨 일을 하고 싶나요.

어　대학교 2학년이 지나 휠체어를 잘 탈 수 있게 되면 미국 워싱턴에서 유학 생활을 할 수 있게 지원해주고 싶습니다.

은　저는 살면서 장애로 인해 많은 차별과 무시를 받아왔습니다. 그런데 이 사회 전반에서 차별과 무시라는 것은 장애라는 영역에서뿐 아니라 어디에서나 다양한 형태로 존재합니다. 책과 다양한 매체를 통해 제가 지금까지 살면서 겪었던 고통이 신체적으로 건강한 사람들도 모두 겪는 것이라는 점을 인지하게 되었어요. 저는 대학에 가서 인간의 심리와 관련된 공부를 하고 싶습니다. 지금보다 훨씬 더 열심히 공부해 저와 같이 장애나 여러 가지 시련 때문에 좌절하고 절망한 사람들을 도와주고 치유해주는 공부를 하고 싶답니다. 또 반대로, 일방적으로 차별하고 무시하는 사람들을 분석해서 왜 그렇게 잘못된 행동을 하는지에 대한 원인 분석과 개선 방법을 배우고 연구하고 싶기도 해요.

교 결국 이러한 은지 씨의 꿈을 위해 '찾아가는 검정고시'가 작게나마 도움이 된 듯하여 너무나도 뿌듯합니다. 제가 더 감사할 따름입니다. 마지막으로 서울시교육청에 한 말씀 부탁드려요. 무엇보다 오늘 인터뷰에 응해주셔서 너무 감사합니다.

은 저같이 외부 활동이 거의 불가능한 장애를 갖거나 힘든 사람들에게 '찾아가는 검정고시'라는 프로그램을 통해 학위를 취득할 수 있게 해준 점에 큰 감사함을 느낍니다. 저는 검정고시를 볼 수 있는 기회를 통해 '꿈'을 향해 도전할 수 있는 기회를 갖게 되었습니다. 검정고시가 어렸을 적 바라던 꿈을 이루게 기틀을 만들어준 것 같아 감사합니다. 더불어 저와 같이 외부 이동에 큰 불편을 겪는 많은 사람들에게 희망과 기회가 되는 좋은 제도로 잘 유지되고 꾸준히 운영되면 좋겠습니다.

교 은지 씨, 문득 생각이 났는데 혹시 지금 가장 보고 싶은 사람이 있나요. 그리고 가장 하고 싶은 게 있나요.

은 가장 보고 싶은 사람은 유재석 씨와 아이유 씨예요. 유재석 씨 같은 경우 오랜 무명 시절과 어려운 상황을 딛고 현재는 타인에게 귀감이 되는 자타공인 유명 방송인으로 거듭났다는 점 때문에 만나보고 싶어요. 아이유 씨는 할머니랑 힘들게 살았던 시절을 잊지 않고 조손가정과 노인분들을 돕는 좋은 영향력을 끼치는 훌륭한 가수라는 점이 만나고 싶은 이유입니다. 두 분의 좋은 영향력과 어려움을 딛고 이겨낸 이야기들을 듣게 된다면 정말 좋은 시간이 될 것 같습니다.

교 어머니께도 마지막으로 질문드릴게요. 매일 은지 씨와 함께 계시잖아요. 은지 씨의 돌봄을 하지 않으실 때 무엇을 제일 하고 싶은지 여쭤보고 싶어요.

어 저는 학교에서 학생들을 가르치기도 하고 오랜 기간 동안 번역 일을 해왔습니다. 앞으로 시간이 되면 영문으로 단편소설이나 자전적인 글을 쓰는 작가가 되는 것이 저의 꿈입니다.

아이들 밥값
1만 원의 꿈

_ 남인숙(동원중 교사)

교육복지우선지원특화사업 '서울희망교실' 정책은 교육 취약 학생 4~10명에게 교원이 멘토가 되어 학습, 문화, 진로, 정서, 봉사 등 다양한 삶의 영역에서 함께하는 자발적인 교원 중심의 서울형 교육복지우선지원 특화 활동임. 교사와 학생 간 밀착 소통과 공감 확대로 교원의 역할 제고 및 따뜻한 사제 관계 형성과 학생의 자존감과 정서 안정으로 학교 적응력을 높여 희망의 학교 공동체를 조성하는 것이 목표임. 남인숙 교사는 오랜 교육복지 활동의 경험으로 학생들의 필요에 맞추어 계속 영역을 확장해 나가면서 다양한 교육복지의 모범 사례를 만들어 가며 서울교육복지정책에 다양한 시사점을 주고 있는 교육복지 전문가.

남인숙(이하 '남') 교육감님 너무 오랜만입니다. 이렇게 다시 뵈니 너무 반갑습니다. 교육 복지와 관련된 업무를 12년 동안 맡아 운영해왔고 현재는 동원중학교에 근무 중인 남인숙입니다.

교 네, 저도 정말 반갑습니다. 오늘 선생님과 '희망교실'에 대한 이야기를 나누고자 합니다. 이 정책 초기부터 함께하셨죠?

남 희망교실은 교사와 학생이 멘토와 멘티 관계를 맺고 동행하는 프로그램이자 희망교실 예산을 받은 선생님이 학생을 위해 정서적인 관리와 학습적인 도움을 주며 학생의 성장을 돕는 프로그램입니다. 그리고 다양한 체험 학습 등을 통해 학생을 꾸준히 관리해주기도 합니다. 제가 교육 복지 일을 하던 12년 동안에는 사실 희망교실 같은 정책적 프로그램이 딱히 없었고 사제 멘토링과 비슷한 성격의 정책으로 교사들이 학생들을 관리해왔죠. 처음에는 고등학교에서 시작되었고 사제 멘토링이 좀 더 체계화되어 행정적인 부분이 추가된 후, 정책적으로 정돈이 되어 희망교실로 확장된 것이죠. 10여 년 전, 처음 중학교에 들어왔을 때 희망교실을 시작하게 되었는데 1인당 예산으로 70만 원을 받았고 학생들과 함께 진행했습니다. 당시에는 이 프로그램이 교사들에게 정말 획기적인 정책이었습니다. 왜냐하면 선생님들 통장에 돈이 한 번에 들어왔고 그 비용을 기안 없이 영수증 첨부만 된다면 자유자재로 사용이 가능했기 때문입니다. 학교에서는 단 한 번도 경험해본 적 없는 좋은 정책이었기 때문에 정말 많은 선생님들이 '희망교실'을 신청할 만큼 획기적이고 반가운 정책이었죠.

교 중랑중학교에서 교복우(교육복지우선지원사업) 담당 부장님이셨을 때 조식 지원 사업을 시작하셨던 이야기를 시작으로 교육 복지에 대한 다양한 의견을 나누고 싶어요.

남 제가 제일 처음 교육 복지를 하게 된 계기부터 말씀드릴게요. 지금도 그렇지만 교육 복지는 교사들이 굉장히 기피하는 분야 중 하나입니다. 마찬가지로 제가 처음에 교육 복지를 할 때 저 또한 이전에 경험이 없었고 매우 생소한 분야였기 때문에 단순히 일로 접근해 형식적으로 시작했던 것 같아요. 그래서 '밥이나 줄까?' 하는 단순한 마음으로 시작해 저녁보다 부담이 덜한 조식을 복지 대상이 되는 학생들에게 마음껏 퍼주자 하게 된 거죠. 이 조식 사업이 2013~4년쯤 시작되었고 약 40~50명 정도만 참여가 가능해 특별대상자인 친구들에게 우선적으로 빵을 줬습니다. 사실 당시에 교장선생님께서 다른 학교에서는 이미 실패한 사업인데 왜 굳이 시작하려 하느냐 하신 게 마음에 많이 남더라고요. 그래도 내 방식이 있으니 한번 해보자 하는 마음이 컸어요. 왜냐하면 제가 근무하던 중랑중학교에 다니던 학생들 중 다수가 소득 수준이 낮은 집에서 통학하고 있었거든요. 그래서 이렇게 돌봄이 필요한 이 아이들을 위해 밥을 주는 게 아이들의 마음을 여는 데 분명 도움이 될 것이라 생각한 거죠. 사실 처음부터 마음을 여는 게 쉽지는 않았습니다. 그래도 포기하지 않고 아이들이 빵을 먹으러 올 때 매일 주제를 바꿔가며 '예/아니오'로 단답이 가능한 짧은 문장들을 쥐어 줬죠. 저는 빵을 굽는 동안 의도적으로 문장을 만들어 아이들에게 제공했고 그 덕분에 병원 차트를 체크하듯 검진해 아이들의 현재 마음 상태와 학교 생활에 대해 추측할 수 있었습니다. 중학생 아이들은 그 시기가 굉장히 민감하고 조심스러운 상태라 아무리 가까운 사이라도 솔직한 마음을 쉽사리 알기 어렵거든요. 그래서 문장들을 통해 아이가 감당하기 어려운 위기를 조기에 발견해 도울 수 있었던 거죠.

교 문장으로 소통하셨다니 조금 특별하게 느껴지네요. 어떠한 문장들이었는지 여쭤봐도 될까요?

남 보통 문장은 '오늘 기분이 어땠나요?'부터 '밤새 별일 없었나요?' 등 가볍게 대답할 수 있는 형태로 제작되었습니다. 그리고 주말에는 평일만큼 밀착 돌봄이 불가능하잖아요. 그래서 '주말에는 무엇을 먹었나요?' 같은 질문을 통해 아이가 혹시 굶는 상황에 처하지는 않았는지 추측이 가능한 거죠. 또한 '학교에서 가장 힘든 게 무엇인가요?'와 같은 질문을 통해 아이의 학교 생활이나 집에서 겪는 힘든 상황에 대해 대충 파악이 가능합니다. 실제 사례가 있었어요. 어떤 아이가 '세탁기가 없어서 빨래하기 너무 힘들어요.' 이런 메시지를 남겨서 직접 가정 방문을 했었는데 반지하 집에서 아이가 힘들게 생활하고 있더라고요. 그래서 굿네이버스와 협업을 통해 세탁기를 지원해줄 수 있는 방안을 강구해 도움을 주었던 적이 있습니다. 또 마음의 병을 겪는 아이들을 발견해 조치를 취한 적도 있고요. 이런 식으로 아침 식사 중에 받은 짧은 메시지들을 통해 아이들의 위기 상황을 인지할 수 있었고 이후 직접적인 도움을 빠르게 줄 수 있었습니다.

교 선생님의 교육 복지 분야는 한 곳에 머물지 않고 계속 영역을 확장해 나간 것으로 알고 있습니다.

남 사실 이런 돌봄 위기 상황에 처한 대다수의 아이들이 기초학력이 부족합니다. 그래서 밥을 먹여가며 학습적인 면도 돌봐줘야 하는 상황까지 오니깐 정말 제 일이 끝도 없이 많아지더라고요. 그래도 이왕 하는 김에 제대로 해보자 해서 조식 시간에 아이들에게 학습적인 도움을 주기 시작했고 가장 큰 성적 향상을 보인 친구가 평균 30점이 오를 만큼 기대 이상의 성과를 냈습니다. 그리고 운 좋게 이 성과가 교육청을 비롯해 언론에 좋은 반응을 얻어 지금의 저를 대표하는 사업이 되었죠. 사실 이 성과 이후 다른 학교에서도 시도해보기 위해 많은 문의를 주시거나 방문해주셨는데 얘기를 들으시면 들으실수록 도저히 못 하겠다 손사래를 치시더라고요. 그러던 차에 '월드비전'이 기사에서 저희 학교 사례를 접하고 관계자분께서 학교에 방문했습니다. 그리고는 학교와 연결해 '아침을 먹는' 국내 사업을 한번 해보고 싶다고 도움을 요청하셨어요. 만약 월드비전이 추진하게 된다면 전국적인 사업이 되는 것이기에 제 입장에서는 반가운 제안이었습니다. 그래서 탄생한 게 2012년쯤 '아침머꼬'라는 사업입니다.

교 이 사업을 하기 정말 잘했다고 여길 만큼 뭉클했던 순간이 있지 않았나요? 분명히 있었을 것 같아요.

남 이 사업을 진행하는 동안 내내 시스템에 대해 많이 고민했어요. 처음에는 제가 다 직접 했는데 이후에는 아이들 스스로 밥을 가져다 먹게 하고 본인이 먹었던 자리를 직접 치우게 하고 설거지도 하게 만들었죠. 어떻게 보면 종합 교육인 거죠. 함께했던 아이들은 '감사합니다'라는 말을 하는 데 서툽니다. 나중에는 이 말을 가르쳐야겠다 싶어서 아침에 아이들에게 '감사합니다'라는 말을 세 번씩 쓰게 했습니다. 아직도 기억에 남는 친구가 있는데 그 친구가 심리적으로 큰 불안을 겪어 자해를 심하게 해서 저 또한 그 친구를 지켜보는 게 무척 힘들어져 처음으로 식당 문을 닫은 적이 있습니다. 그 아이는 '감사합니다'의 'ㄱ'자도 못 적어 내려갈 만큼 매우 거부감이 큰 상태였어요. 하지만 저도 그 아이를 포기하지 않고 안 써도 되고 하고 싶은 대로 하라며 아이를 다독였습니다. 이후, 아이는 점차 감사 인사나 미안함을 표현하는 법을 배워갔고 어느 날은 명확하게 '감사합니다'를 표현할 만큼 발전했습니다. 또 강원도에서 어린 시절을 어렵게 보내신 분이 현재 서울에서 소규모의 빵 가게를 운영하고 계시는데 그때 담임선생님이 빵을 주셔서 지금까지도 빵에 대한 애틋한 기억이 있다며 1달에 1번씩 저희 학생들에게 맛있는 빵을 제공해 주셨습니다. 이 사업을 하면서 정말 기억에 남고 감동적이었던 순간이었죠. 저는 매해 이런 감동적인 순간을 겪었기 때문에 마치 조식 지원에 대한 전도사 같은 입장이 된 거죠. 제가 매번 교육 복지 강의에 나가서 주장하는 게 있는데 만약 1천만 원의 예산을 지원받으면 프로그램이나 사업 수를 늘리려고 하지 말고 선생님들께서 직접 할 수 있고 꾸준히 관리할 수 있는 사업에 집중하라는 말을 많이 합니다. 내가 한 명을 관리하는 것은 쉽지만 10명을 관리하는 건 정말 어려운 일이잖아요. 이게 가능하게 만드는 프로그램이 바로 '희망교실'입니다. 희망교실과 비슷한 프로그램은 많지만 희망교실이 특별한 점은 선생님께 직접 돈을 드리는 형태 때문일 겁니다. 정말 획기적인 정책이죠.

교 경계성 지능 아이들을 위한 프로그램도 운영하셨죠? 정말 선생님께 백 번이라도 큰절을 올리고 싶어요. 우리 교육을 위해 너무 감사합니다.

남 어휴, 무슨 그런 말씀을요. 제 전공이 사실 과학입니다. 교육 복지하고는 전혀 접점이 없죠. 그러니 특수교육에 속하는 경계성 지능은 더더욱 알 리가 없었죠. 그래도 어쨌든 경계성 지능 아이들을 위한 프로그램을 진행할 때 1년 동안 매주 수요일에 두 분의 기자분이 오셔서 프로그램을 함께했습니다. 당시 이 주제의 방송을 통해 한 기자분께서 오늘의 기자상을 받으실 만큼 꽤 주목받았죠. 어느 날 상담을 하다가 아이들의 문해력이 일반적인 아이들에 비해 뒤처져 수업에 따라오기 힘들다는 사실을 발견했습니다. 한마디로 기초가 부족한 아이들인 거죠. 그런데 기초가 부족한 건지 장애로 인해 특수한 지도가 필요한 건지 가늠하기 굉장히 어렵더라고요. 정말 말 그대로 경계에 있는 아이들이었습니다. 생활면에 있어서는 부족함이 없는데 학습 면에서는 부족함이 드러나서 어떤 학습 지도가 필요한지 애매모호하고 굉장히 판단하기 어려운 상태였습니다. 이 아이들을 지도할 때 힘들었던 점은 복지 프로그램에 참여시키는 것 자체였습니다. 예를 들어, 복지 프로그램 중 하나인 연극 관람을 위해 참석 여부에 대해 물어보면 연극 관람 당일에 취소를 통보한다든가 다시 가겠다고 해놓고서는 사전 연락도 없이 불참합니다. 사실 이런 경우에 아이를 포기할 수도 있지만 이 아이가 한번 참석하면 호전된다는 희망이 있기 때문에 포기할 수 없더라고요. 그리고 막상 가서는 또 좋아하기 때문에 아이를 포기하지 않고 담임선생님께 양해를 구해서라도 종례도 하지 않은 아이를 데려갑니다. 아이들 마음이 이처럼 진짜 변덕스러운데 비난할 수 없는 게 사실 아이들 자신조차도 본인의 마음을 잘 모릅니다. 그 이유는 경계성 아이들이 어휘력, 곧 이해력이 부족하기 때문에 상황의 전반적인 맥락을 읽는 데 서툴기 때문이죠. 전문가 선생님들과 교수님들에 의하면 아이들이 점차 학년이 올라갈수록 어휘력이 쌓이면 이게 곧 이해력이 되거든요. 중학생 아이들은 중학생 수준에 맞는 어휘력과 이해력을 갖춰야 하는데 경계성 아이들은 충분히 대화를 못 하거나 많은 경험치를 쌓지 못해 학습이 더뎌 이 수준에 못 미치는 거죠. 다시 말해 처음부터 문해력에 어려움을 겪으면 특수아동으로 분류되겠지만 경계성 아이들은 후천적인 문제이기에 충분한 관리와 지도를 받는다면 나아질 수 있습니다. 지금의 정책이 1년 남짓한 단발성 이벤트처럼 끝내는 행정이 아니라 선생님들에게 더 많은 예산 지원과 일관성 있는 정책적 지원으로 바뀌어 지속적인 돌봄이 가능하게 된다면 좋겠습니다. 또 바이러스로 인해 학력의 차이가 날 수 있어 기초학력에 많은 관심을 쏟고 있으니 참 다행스럽습니다.

교 남인숙 선생님께서 하신다는 건 주저 없이 지원해야 할 것 같습니다. 그렇다면 서울시교육청의 지원은 어떠셨나요?

남 현재 우리가 하고 있는 프로그램이 이름만 다르지 성격이 비슷한 게 많습니다. 먼저 희망교실과 사제 멘토링이 있고 2021년 2학기 때 처음 시행한 '토닥토닥 키다리샘'이 있습니다. 저는 이 중 토닥토닥 키다리샘이 가장 좋은 프로그램 같아요. 이 세 프로그램의 공통점은 학생과 선생님 사이에 멘토와 멘티 관계를 맺고 그 관계를 통해 아이들을 관리한다는 겁니다. 사제 멘토링은 체험학습 중심의 프로그램인데 학교에서 정해주는 예산이다 보니 가용금액이 학교마다 다릅니다. 또 사용할 때마다 먼저 품의를 올려야 사용이 가능한 시스템입니다. 반대로 희망교실은 70만 원 정도의 금액을 미리 체크카드로 받고 나중에 영수증 정산을 해서 결재로 올리는 시스템이라 상담을 하는 중에 긴급히 예산 사용이 필요한 경우 사용할 수 있는 편리함이 있어요. 그런데 이 둘 다 정말 아쉬운 게 금액 사용에 대한 융통성 문제입니다. 만약 사제 멘토링 체험학습을 나가려고 출장비를 받게 되면 선생님은 식비 사용이 불가능합니다. 출장비와 식비를 선택하는 거죠. 이러다 보니 선생님들은 체험학습 시 항상 본인 돈을 더 쓰게 되는 경우가 생깁니다. 학생들을 체험학습에 데리고 나가는 것은 많은 시간과 에너지를 쓰는 일입니다. 한마디로 그 이상의 헌신과 노력을 하시는 선생님들에 대한 시간적, 금전적 보상이 거의 없음에도 아이들에 대한 애정이 있기 때문에 이 제도가 유지된다는 겁니다. 그런데 반갑게도 작년에 '토닥토닥 키다리샘'이라는 정책이 생겼어요. 무려 강의료 90만 원이 지원되고 교사도 사용 가능한 체험비가 40만 원씩이나 지원되는 반가운 정책이더라고요. 제가 그동안은 학습 지연 아이들을 방과 후에 제 시간을 따로 빼서 지도해왔는데 이제 저에게도 적절한 보상이 생기니 더 열심히 해야겠다는 의욕이 마구 생길 정도로 너무 좋았어요. 희망교실과 사제 멘토링도 토닥토닥 키다리샘처럼 강사료를 융통성 있게 쓸 수 있도록 정책이 개선되었으면 좋겠고 아이들 밥값만이라도 8천 원에서 좀 1만 원까지 올려줬으면 좋겠습니다. 선생님들의 사랑과 희생이 아니면 정말 유지되기 힘든 정책입니다. (하하) 다시 말씀드리면 아이들 '밥값 문제' 정말 중요해요.

교 이런 디테일한 어려움이 있는지 깊게 생각해 보지 못했네요. 다시 한 번 정책을 검토해서 현장에 큰 도움이, 아니 작게라도 바로 실천되는 도움이 될 수 있도록 하겠습니다. 정말 좋은 의견 감사합니다.

남 아이가 굶으면 어떻게 학교 생활을 하고 공부를 하겠어요. 가장 기본적인 문제라고 생각해요. 초중등 아이들이 겪는 상황

중에 정말 안타까운 경우가 먹고 싶은 거 제대로 못 먹는 거예요. 제가 어느 날, 아이들을 데리고 뷔페를 간 적이 있는데 한 아이가 나오지 않아서 확인했더니 화장실에서 토를 하더라고요. 다시는 이렇게 못 먹을 것을 알기에 과식을 한 거죠. 정말 너무 슬프고 마음이 짠해서 먹먹한 일이었어요.

교 저에게 따로 말씀하고 싶으신 게 있다고요. 뭘까요?

남 기억하실지 모르겠는데 지난번에 교육감님과 전화 통화했을 때 밥 한번 사주신다고 하셨는데 꼭 식사 함께하고 싶어요. (하하) 예산에 맞는 8천 원짜리 식사를 하면서 80만 원짜리 이야기를 나누었으면 좋겠습니다.

상처받은 아이들의
마지막 보루

_ 박주미 (성모샘병원 원장·치유학교 샘 교장)

대안교육 위탁교육기관은 학교 부적응, 질병 치료 등의 사유로 학업을 중단할 위기에 있는 학생이나 개인적 특성에 맞는 교육을 받고자 하는 학생을 대상으로 대안교육 위탁교육을 실시하기 위해 기관을 지정, 운영하여 학생의 학업 중단을 예방하고자 하는 정책기관임. 박주미 교장은 다양한 형태의 대안교육 위탁교육기관 가운데 특화형(병원형)으로 운영되는 〈치유학교 샘〉에서 헌신적인 활동으로 상처받은 아이들의 마지막 보루로 역할을 하였음.

박주미(이하 '박') 안녕하세요, 교육감님. 성모샘병원을 운영 중인 원장 박주미입니다. 동시에 교육청과 연계된 위탁형 대안학교장을 맡고 있는 '치유학교 샘'의 교장이기도 합니다. 잘 지내셨죠?

교 안녕하세요. 건강하시죠? 병원 일에, 학교 일에 몸이 두 개여도 부족하실 텐데 이렇게 교육을 위해 헌신해 주셔서 너무 감사하다는 말씀 먼저 전합니다. 현재 병원형 위탁 대안학교를 운영 중이신데 어떻게 시작하게 되셨는지를 여쭈면서 인터뷰를 이어가려고 해요. 교육청과는 어떤 협약을 통해 인연을 맺게 되셨나요?

박 2012년 처음 당시 의원의 형태였던 소아 청소년 병동에서 근무했는데, 주로 만났던 친구들이 소위 비행 청소년이라 불리거나 자살이나 자해 시도를 하는 친구들, 성매매하는 친구들, 자폐를 가졌거나 지적 능력이 부족해 학교에 적응을 못 하는 친구들, 폭력 성향을 띄는 친구 등 다양한 문제를 가진 청소년들이었습니다. 당시에 이런 친구들과 병동에서 프로그램을 진행하는 게 한계가 있고 함께 있다 보면 친구들끼리 매일 다툼을 일으키더라고요. 싸우다 싸우다 나중에는 자기들끼리 너무 싸워서 지쳤는지 같이 공부를 하는 진풍경이 일어나기도 했죠. 그런데 학교가 보통 60일 이상 결석하게 되면 유급이 되기 때문에 아이들을 두 달 안에 학교에 돌려보내야 합니다. 하지만 아주 어릴 때부터 부모와 정서적 교감은커녕 원만한 관계 형성을 하지 못했기 때문에 이 아이들을 두 달 안에 치료한다는 것은 굉장히 무리였어요. 퇴원을 시키면 결국 나가서 적응하지 못하고 다시 입원하고…. 계속 유급하다가 고등학생이어야 할 나이에 여전히 중학생으로 남는 경우도 있죠. 그래서 학교에 무단결석을 하거나 병의 상태가 악화될 바에 차라리 이 병원 안에 학교가 있으면 아이들의 출석도 인정되고 수업도 제대로 받을 수 있다는 생각에 추진하게 되었습니다. 외국 같은 경우에는 정신병동 내에 수업을 받을 수 있는 시스템이 마련되어 있어서 아이들의 학습권이 보장되거든요. 그래서 서울시교육청 위탁형 대안학교 장학사님을 뵙고 병원 안에 학교가 마련되도록 추진하게 되었습니다. 그때 마침 이런 상황에 관심과 열정이 많으셨던 장학사님을 만났고 동시에 교육청에서도 병동 내 위탁형 대안학교 추진 계획이 있던 차에 성사된 거죠. 이 정책이 수익성이 보장되지 않기 때문에 대학병원에는 제안하는 게 어려웠을 겁니다. 그래서 제가 직접 찾아가서 제안한 게 매우 반가우셨을 거예요. 그렇게 만남이 성사된 후, 제가 의원에서 옮겨 병원을 개원하게 되었을 때 교육청과 협의해 협약서를 작성하고 인가된 대안학교를 마련하게 되었습니다.

교 대안학교인 '치유학교 샘' 운영 시 가장 어려운 점은 무엇일까요? 서울시교육청은 언제나 소외받는 아이들을 위해 다양한 정책을 수립 중인데 언제나 부족한 것은 아닌지 고민이 될 때가 많습니다. 현장에서 직접 느끼시는 고충을 새겨들으며 적절히 반영하는 데 힘쓰겠습니다.

박 일단 가장 큰 어려움은 금전적인 지원 부족이 아닐까요. 강사료가 꽤 많이 들거든요. (하하)

교 흠, 그렇군요. 잘 체크해 두겠습니다. 선생님은 몇 분이 계시고 학생들은 몇 명인가요?

박 중등반 2개 학급, 고등반 2개 학급이고 학급 내 정원이 20명입니다. 학생이 정말 많을 때는 80명입니다. 각 반에 상주하시는 선생님 1명씩 총 4분의 담임선생님이 계시고 나머지 교과는 정교사 자격증이 있는 강사 선생님들께서 하십니다. 필수 교과는 당연히 하고 있고 예체능 교과를 대안 교과들로 대체해 일반 학교 못지않게 수업을 운영하고 있어요.

교 담임선생님 및 과목별 선생님들께서는 아이들의 상황과 상태에 대해 어떻게 받아들이시나요? 현실적인 어려움이나 만족감, 혹은 교사로서의 기대나 좌절감 등 다양한 일들이 있을 것 같은데 말이지요.

박 선생님들께서 한번 들어오시면 초창기부터 지금까지 계실 정도로 다들 오래 계십니다. 아마 아이들을 가르치는 것에 보람을 느끼시고 만족스러우니 오래 계시는 거 아닐까요? 그렇지 않으면 진즉 이직을 하시거나 떠나셨을 겁니다. 힘들어하는 아이들의 변화에 대한 사명감과 책임감이 크서서 그런 것도 있겠지만요. 그래도 아이들이 난동을 피울 때 대처하기는 여전히 힘듭니다. 왜냐하면 의자를 던지거나 때리거나 엄청 폭력적인 행위를 하기 때문에 보통의 여자 선생님들께서는 감당하시기가 힘들 겁니다. 현재 남자 선생님 세 분에 여자 선생님 한 분이 계신데 체육 전공 선생님도 계시고 국어 선생님조차 복싱을 하셨을 만큼 아이들 통제를 위해 단단히 준비하신 분들입니다.

교 요즘 특히, 경계성 지능을 겪는 청소년들이 많은데 치유학교 샘에 그런 학생도 많나요?

박 네, 대부분 그런 아이들입니다. 비행하는 아이들 대다수의 지능 검사를 해보면 경계성 지능 또는 지적장애 3급에 해당하는 경우가 많습니다. 대화를 해보면 대화가 가능해서 겉으로는 파악하기 어렵지만 막상 IQ 검사를 하면 지능 점수가 낮게 나와서 알게 되는 거죠. 그렇기 때문에 이 친구들은 상황 판단 능력이 부족해 학교에서 잘 적응하지 못하고 학교 내 또래 친구들에게 무시당하다가 학교 밖 본인들과 비슷한 친구들과 몰려다니며 비행을 저지르는 게 자연스러운 수순처럼 되어버렸어요. 너무 안타깝지요. 사실 학교에서 이런 친구들에 대한 보호와 관리가 필요한데 학교는 성적 위주로 운영되기 때문에 상대적으로 소외된 이 친구들이 밖으로 나오게 됩니다. 대인 관계 능력이 떨어지는 친구들은 게임 중독으로 등교는 물론 외출 자체도 안 하고, 반대로 어느 정도 친구를 사귈 줄 아는 아이들은 자기들끼리 삼삼오오 모여 비행 행동을 일삼게 되는 게 현실이죠. 학교 입장에서는 상당히 골치가 아플 거예요. 이 아이들을 위한 맞춤형 학급이 있는 것도 아니고 돌봐주는 시스템이 마련된 것도 아니기에 굉장히 악순환입니다. 그렇기에 이런 아이들을 위한 학교 자체 프로그램이나 사회적인 정책이 한시바삐 필요합니다.

교 기숙 생활도 하고 있고 맞춤형 돌봄 프로그램도 이곳에서 진행되는 것으로 알고 있어요. 그 외 다른 프로그램에 대한 설명 부탁드립니다.

박 일단 이곳은 병원이기 때문에 치료가 가장 우선입니다. 치료의 종류는 상담 치료, 약물 치료, 사회복지 프로그램 등이 있습니다. 대안 교과 치료 프로그램이 굉장히 많은데 집단 치료의 일종입니다. 사회 기술 훈련, 분노 조절 훈련, 미술 치료, 음악 치료, 연극 치료 등 다양하게 아이들의 치료를 목적으로 한 프로그램이 잘 마련되어 있습니다. 아무래도 다른 대안학교와 저희 학교가 이 교과 부분에서 가장 큰 차이점을 보이죠.

교 사실 이러한 일은 소명 의식이 없으면 정말 힘든 일인 것 같아요. 어쨌든 병원이라는 곳이 수익이 나야 하는데 현재 굉장히 힘들게 운영해 나가시잖아요. 어떤 계기로 시작하게 되셨나요?

박 아무래도 제 전공이 소아청소년이다 보니 자연스레 관심이 생긴 것 같아요. 처음 전공의를 시작했을 때 맡게 된 친구가 청소년 환자였습니다. 그 환자가 저를 많이 따르고 좋아했었는데 퇴원 이후 자살을 하는 안타까운 일이 생겼습니다. 그래서 그 이후 아이를 지키지 못했다는 괜한 죄책감도 들고 자연스레 소아청소년 아이들의 마음의 병에 관심이 생긴 것 같습니다. 그런데 막상 해보니깐 많이 지치고 힘들었어요. 저도 저지만 직원들이 정말 힘들어합니다. 그리고 직원들은 거의 24시간 부딪히는데 아이들이 정말 말을 안 듣거든요. 정신과 병동에 소아청소년 1명만 있어도 정말 힘든데 저희 병원에는 80명이니깐 상상 그 이상의 힘듦이죠.

교 이렇게 힘든 상황임에도 소명 의식과 책임감으로 계속 나아가게 만드는 감동적인 사연이 있을까요?

박 어떤 여학생 친구 한 명이 있었어요. 초등학교 5학년 때부터 성매매를 했어요. 아이는 집에서 온전히 돌봄을 받지 못했기 때문에 계속 밖으로 나돌 수밖에 없는 상황이었고 자연스럽게 성인들과 채팅으로 만나 그런 상황에 빠지게 된 거죠. 사실 이 아이들이 아직 미성숙한 상태이기 때문에 그런 관계와 상황을 통해 본인이 사랑받고 보호받는다는 착각에 쉽게 빠집니다. 게다가 성격적으로도 문제가 있어 또래 집단에서도 소외받기 일쑤였기에 성매매를 통해 알게 된 성인들이 조금만 잘해 줘도 자신을 받아주고 아껴준다고 착각하는 거죠. 부모의 애정과 관심을 못 받아본 이 아이를 못된 성인들이 이용하고 착취하는 말도 안 되는 상황이 일어났었습니다. 어느 날은 이 아이가 경찰과 동행해 아동 성폭행 건으로 신고가 들어와 병원에 오게 되었는데 퇴원 후, 또다시 밖으로 나돌다가 병원에 오는 악순환이 일어나더라고요. 그래도 병원에서 포기하지 않고 이 아이를 입원과 퇴원을 반복해 가면서도 고등학교까지 계속 이끌려고 했습니다. 결국에는 아이가 마음을 다잡고 공부해서 대학에 입학하는 좋은 결과를 얻어냈습니다. 정말 감격스럽더라고요. 또 다른 남자아이 얘기를 해드리면 소위 말하는 비행 청소년이었어요. 머리는 좋은 편이었는데 일반 학교에 다닐 때 굉장히 폭력적이어서 선생님께 대들고 반항하며 제대로 학교 생활을 할 수가 없었습니다. 기숙학교로 옮겼을 때는 전혀 통제가 되지 않고 새벽에 도망치기 일쑤였고요. 결국 저희 병원에 오게 되었는데 처음부터 직원분들한테 대들고 갈등을 일으키는 게 다반사였어요. 그런데 저희 직원들이랑 아이가 함께 열심히 노력한 끝에 이 친구가 명문대에 진학한 정말 좋은 성과를 거뒀습니다. 이 아이가 저희 병원에서 제일 좋은 결과를 보여줬어요. (하하) 역시나 정말 뭉클한 순간이었죠.

교 이런 문제는 단순히 가정에서 해결할 수 있는 문제는 아닌 것 같습니다. 오히려 가정이 원인이 되는 것이 다반사고요. 우리 사회가 이 아이들을 위해 할 수 있는 것이 무엇일까요? 그리고 교육청이 정책적으로 어떤 도움을 주어야 할까요?

박 결국 이게 단순히 가정에서 해결할 수 있는 게 아니라 사회 전반의 역할과 책임이 필요한 문제라고 생각합니다. 아시다시피 우리나라는 점차 핵가족화 되어가고 있고 부모가 거의 맞벌이입니다. 아이들이 제대로 돌봄을 받지 못해 정서적인 문제가 생긴다는 게 원인이죠. 아이가 정서적으로 안정적으로 성장하려면 부모와 아이의 애착 형성이 제대로 되어야 하는데 사회가 세분화되고 개인주의 현상이 심해지면 부모와 아이의 관계 형성에 균열이 많이 생기게 될 수밖에 없습니다. 그래서 아이들이 밖으로 나돈다든가 방치되고 게임 중독에 빠진다든가 하면서 정상적인 성장이 어려워집니다. 그러므로 이렇게 돌봄이 제대로 이루어지지 않는 아이들을 위해 우리 사회가 적극적으로 나서서 돌봄센터나 보건소, 구청 등에서 마련한 프로그램을 통해 사회적 안전망을 만들어주는 것이 우리 어른들의 역할이 아닐까 합니다. 더 나아가서 부모들을 위한 부모 교육도 필요해요. 아이들을 어떻게 돌봐야 할지 모르시는 분들이 굉장히 많거든요. 본인 감정을 그대로 아이에게 표출해 아이에게 상처를 주거나 제대로 돌보는 방법을 몰라 방치하는 분들을 대상으로 하는 부모 교육이 반드시 필요합니다. 사실 저희 같은 사설 기관이 이런 일들을 온전히 감당하기에는 굉장히 버겁고 한계가 있습니다. 너무 어렵고 힘듭니다. 이 문제는 사실 나라에서 나서서 해야 하는 일입니다. 요즘 보면 사회가 이전보다 더 각박해지고 조금이라도 피해 보는 것을 못 견디잖아요. 그러다 보니깐 확실히 예전보다 아이들을 케어하는 게 훨씬 더 힘들어졌는데 이에 더불어 부모님들의 피해의식이 너무 심해져 저희 입장에서는 곤란한 경우가 많습니다. 예전 같으면 서로 이해하고 넘어갔을 상황에 요즘 부모님들은 아이들의 피해에 대해 굉장히 민감하게 반응하고 어떻게 해서든 상대에게 금전적으로 보상받으려고 안간힘을 쓰시는 게 정말 뚜렷한 변화입니다. 그러니 이 문제는 사회적 차원에서 나서줘야 할 문제라고 생각합니다.

교 아이 하나를 키우려면 온 마을이 노력해야 한다는 말이 있는 것처럼 교육은 쉬운 일이 아니긴 합니다. 현재 이곳은 서울시에 거주 중인 아이들만 관리하고 있나요?

박 경기권에서 위탁과 상관없이 치료를 위해 오는 아이들도 있지만 기본적으로 서울시 관내에 있는 아이들만 위탁이 가능합니다. 아이들이 출석 인정을 받기 위해서는 서울시 거주자여야만 하는 거죠. 경기 지역 아이들은 경기도 내에 있는 몇 군데 학교에 다니죠. 현재 서울에는 저희 병원을 모델로 해서 생긴 학교가 2군데 더 있습니다.

교 앞에서 부모 교육을 언급해주셨는데요. 교육을 받으신 부모님들의 변화는 전반적으로 긍정적이었나요?

박 교육청에서 지원받은 예산으로 아이들 1대 1 상담을 하는데 그때 부모님 상담을 동시에 진행합니다. 그리고 1년에 몇 번씩 단체로 부모 교육을 위한 강의를 진행합니다. 강의 이후 부모님마다 다르기는 한데 정말 많이 바뀐 부모님들의 경우에는 아이가 퇴원하면 아이와 부모가 굉장히 잘 지냅니다. 부모의 변화 척도에 따라 아이의 호전도가 결정되는 셈이죠. 뭔가 바뀌려는 의지가 있고 여러 프로그램이나 강의에 적극적인 분들은 확실히 아이의 상태가 훨씬 좋아집니다. 반대로 연락도 잘 안 되고 방치에 가깝게 아이에 무관심하면 아무래도 아이가 퇴원해도 상태가 좋지 않습니다.

교 말씀을 계속 듣다 보니 사랑의 중요성을 새삼 깨닫게 됩니다.

박 애착이 없으면 어떤 개체든 성장할 수가 없습니다. 동물의 새끼가 어미의 젖을 먹고 성장하는 것처럼 부모의 사랑 없이는 아이가 성장할 수 없습니다. 아이는 부모의 사랑을 통해 자신이 지지받고 사랑받는 존재임을 확인받습니다. 그 과정에서 자존감을 키우며 자신감을 갖게 되는 건강한 사회 구성원으로 성장하는 거죠. 하지만 사랑을 제대로 받지 못하게 되면 모두 본인을 싫어하는 것 같은 피해의식을 갖거나 동시에 자존감도 낮아지고 내면에 분노만 쌓이게 됩니다. 그러면서 아이들은 소위 말하는 비행 행동을 일으켜 그 분노를 표출하는 거죠. 사랑은 인류 모두에게 가장 중요한 것이죠.

교 마음에 상처가 많고 사랑이 필요한 아이를 키우는 학부모에게 이곳은 마지막 보루 같은 곳일 텐데요. 치유학교 샘의 미래 모습은 어떨까요? 학생 수가 나날이 늘어날까요, 줄어들까요?

박 지금의 사회 구조상 이 아이들이 점점 늘어나면 늘어났지 줄어들지는 않을 것 같아요. 어쨌든 처음에 이 학교를 설립한 계기가 힘든 아이들이 이곳에서 제대로 치유 받고 돌봄 받아서 사회에 나가 온전한 사회 구성원으로 자립할 수 있도록 만드는 게 목표였습니다. 그래서 이 아이들이 건강한 사회 구성원으로 성장하고 또 좋은 부모가 되어 본인의 아이들 또한 바르게 케어할 수 있어야 사회 전체가 바람직하고 발전적인 방향으로 나아가는 거잖아요. 거창하게 미래의 모습이라기보다 아이들이 병원에서 잘 돌봄을 받아 건강한 사회 구성원으로 자랐으면 좋겠습니다.

교 서울시교육청에 바라는 부탁의 메시지가 있을까요? 뭐라도 좋습니다.

박 너무 부족한 학교를 위해 많은 관심을 가져주시고 지원을 잘 해주셔서 정말 감사드리죠. 앞으로 이 아이들을 위해 일시적인 관심이 아닌, 지속적인 관심과 지원을 가져주셨으면 좋겠습니다. 학교에 적응을 잘 못하는 아이들을 위해 오디세이학교라는 공립대안학교를 설립하신 점을 굉장히 좋은 시도라고 생각하고 있습니다. 이런 좋은 시도로 많은 아이들이 도움을 받을 수 있는 변화가 굉장히 반갑습니다. 더불어 초반에 선생님들 인건비를 제대로 지원해주시지 않아서 곤란했었는데 지난번에 교육감님께서 직접 말씀해주셔서 담임선생님 인건비가 지원되었습니다. 감사합니다. (하하) 아무래도 서울은 임대료가 굉장히 비싼데 임대료가 제도적으로 지원이 가능하다면 학교를 운영하는 데 좀 더 수월하지 않을까 싶습니다.

소통과 공존의

3

민주시민교육

이란 난민,
친구들과 자유의 길을 열다

_ 오현록(아주중 교사), 김민혁(대학생)

세계시민형 민주시민교육은 '지속가능한 포용적 세계'를 지향하며 삶의 전 영역에서 중요한 가치로서 일상의 삶 속 민주주의를 실천하는 시민을 육성하는 정책임. 공동체에 속한 모든 구성원의 차이를 인정하고, 인류 보편의 가치를 공유하며, 참여의 기회를 확대하는 포용적 사회를 지향하며 최근 한국 사회의 외국 난민에 대한 태도, 사회적 소외 계층에 대한 태도 등에서 드러나는 자민족주의적 폐쇄성과 편협함을 극복하고 열린 세계시민형 감수성을 미래세대인 학생들이 갖출 수 있도록 하는 교육 방향임. 김민혁 님은 중학교 시절 종교 문제로 생존을 걸고 난민의 지위를 인정받아야 하는 상황에서 아주중학교 학생회의 도움 등으로 마침내 난민의 지위를 인정받은 학생이고 그 길에 함께했던 교사 오현록 님.

교 민혁 학생, 너무 오랜만입니다. 반갑습니다. 처음 민혁 학생을 만났을 때가 생생하게 떠오르네요. 민혁 학생을 잘 모르시는 분들을 위해 어느 나라에서 몇 살에 이곳에 오게 된 건지 소개 부탁드려요.

김민혁(이하 '김') 교육감님과 함께 이렇게 인터뷰를 할 수 있게 되어 너무 영광입니다. 저는 2010년 7살에 아버지 사업차 이란이라는 나라에서 왔습니다. 처음에는 아버지 사업이 마무리되면 함께 돌아갈 계획이었습니다. 당시 저는 어린아이였지만 한국의 문화와 언어를 배우고 싶었습니다.

교 그렇군요. 인터뷰 초반이기는 하지만 이 이야기부터 하지 않을 수가 없는데요. 이란에 있었을 때 종교가 무엇이었나요?

김 제가 태어난 이란은 이슬람 국가였기 때문에 저의 의사와 상관없이 이슬람교를 믿어야 합니다. 그런데 아버지께서는 이슬람교에 대한 거부감이 굉장히 크셨어요. 라마단이라는 종교적 기간에 담배를 피우는 금기 행위를 하시고 태형을 선고받을 만큼 이슬람교에 대한 거부감이 컸었습니다. 아마 믿음을 강제하는 것에 대한 거부감이 크셨던 것 같아요.

교 현재 민혁 학생은 기독교 신자죠? 이란인이 기독교 신자라고 하면 많이 놀라운 일일 텐데요. 개종을 하게 된 계기가 궁금해요.

김 아버지께서는 2000년대 당시부터 하고 싶어 하셨어요. 하지만 이란에서 개종을 한다는 것은 위험부담이 너무 컸어요. 그래서 많이 망설이신 걸로 알고 있습니다. 저는 조금 다른 경우입니다. 한국의 초등학교에 입학하고 가장 친했던 친구가 모태신앙이었는데 저를 전도했던 거죠. 친구 따라 한국의 교회에 처음 가보고 이후 점차 믿음을 갖게 되었습니다.

교 그렇군요. 종교적인 이유가 결국 난민 신청에까지 이른 것으로 알고 있는데 그 전체 과정을 알고 있는 제 입장에서는 너무나 마음 아프고 답답했습니다.

김 제가 교회에 나간 것을 이란에 있는 가족에게 알리게 된 이후부터가 이 모든 사태의 시작이었죠. 저는 어린아이였기에 사형까지 처해질 수 있다는 개종의 위험성에 대해 인지하지 못하고 있었습니다. 고모에게 일과를 보고하듯 편하게 대화하던 중 저의 상황 때문에 이란으로 바로 돌아갈 수 없음을 알게 되었고, 결국 개종을 결심하게 됐습니다. 그리고 2016년에 비자가 만료되는 시점이기도 했기에 여러 복합적인 이유로 개종을 확실하게 결심했습니다.

교   당시 아버님께서는 언제 개종을 하셨을까요? 역시나 쉽지 않은 상황이었을 듯해요.

김   아버지께서는 제가 개종을 한 이후에 하셨습니다.

교   민혁 군의 개종 소식을 들은 현지 가족의 반응은 어땠나요? 사실 한국에서 개종은 그리 심각한 문제가 아니어서 그런지 많은 분들에게 이 상황 자체가 아주 낯설게 느껴질 거예요.

김   처음에 전화로 고모에게 개종 사실을 알렸어요. 그런데 갑자기 고모께서는 엄청난 분노와 배신감을 느끼셨는지 가족의 연을 끊자는 식으로 말씀을 하시면서 저를 배척하셨고 굉장히 화를 내시더라고요. 지금도 여전히 고모의 소식을 알지 못합니다.

교   지금 한국에는 민혁 군과 아버님 단둘이 지내고 있는 거죠?

김   네, 그렇습니다.

교   이쯤에서 오현록 선생님께 여쭤볼 것들이 많아졌습니다. 당시 민혁 군의 담임이 아니셨는데 어떠한 계기로 민혁 군의 일에 적극적으로 참여하시고 활동하시게 되었는지 말씀 부탁드립니다.

오현록(이하 '오')   당시 민혁 군의 담임선생님께서 병가 중이셨어요. 그리고 저는 마침 민혁 군을 가르치고 있던 국어 선생님이자 옆반 담임이었습니다. 사실 무엇보다 학교, 학생들, 학부모들 모두 민혁 군이 이란으로 강제 송환될 수도 있다는 상황에 충격이었어요. 난민 신청 중 비자가 만료되던 시점이었는데 재판에서 졌던 거죠. 그런데 그러한 결정이 났음에도 처음에 학교는 체념하는 분위기였습니다. 하지만 학생들은 달랐어요. 가만히 있지 않았던 거죠. 내 친구의 목숨이 왔다 갔다 할 수 있는 위험이 닥쳤다는 것을 다들 알고 있었어요. 이 사건의 심각성을 인지하고 있었기에 학생들은 청와대 국민청원 게시판에 글을 올렸고, 적극적으로 민혁 군의 상황을 알리기 시작했습니다. 이후 언론과 대중의 관심도가 커졌고, 민혁 군의 위험한 상황에 대해 학부모들께서도 민원과 항의를 표하며 관심이 매우 뜨거웠습니다. 저희 모두 민혁 군을 살려야 한다며 서울출입국사무소 앞에서 시위를 하기도 했죠.

교 이 이야기를 듣고 있는 저도 가슴 뭉클한데 당시 민혁 군의 심정은 어땠을지 너무 궁금하네요. 말로 다 표현할 수 없었을 것 같아요.

김 자주 회의를 하시는 선생님들과 자신의 일처럼 분노하며 저를 적극적으로 돕고자 하는 친구들의 모습을 보며 고맙다는 말밖에 할 수가 없었습니다. 제가 이란으로 돌아가는 문제에 앞서 이렇게 좋은 사람들과 한국에서 생활할 수 있어서 너무 행복합니다.

교 서울 시내의 학교에서 다문화가정의 친구들은 여전히 낯선 것이 사실이에요. 그래서인지 민혁 군을 자연스레 친구로 받아들여준 상황 자체가 정말 감동 그 자체예요. 선생님께 여쭤보겠습니다. 난민 신청 거절 사건이 일어나기 이전인 민혁 군이 학교에 입학하던 시점에 다문화가정의 아이인 민혁 군에 대한 학부모 및 학생들의 반응이 궁금합니다.

오 ▪ 사실 민혁 군은 초등학교를 이 지역에서 다녔기 때문에 낯설진 않았습니다. 모두 민혁 군에 대해 친근하고 잘 알고 있어서인지 이후에 일어난 상황에 더 충격을 받았던 것 같습니다.

교 ▪ 당시 학생회에서 입장문도 발표하고 적극적으로 활동했던 것으로 아는데, 학생들의 활동이나 행동에 비해 상대적으로 소극적이었던 학교의 입장이 많이 안타까웠습니다. 심각한 어려움에 처했던 제자를 더욱 가슴 깊이 감싸주었으면 좋았을 텐데 싶기도 하구요. 학생들과는 다른, 학교 측의 별도 계획이 따로 있었을까요?

오 ▪ 그 당시, 꽤 많은 수인 43명이 서울출입국사무소 앞에서 시위를 할 수 있었던 데는 교육감님의 공식적인 지지 서한의 역할이 컸습니다. 학교 입장에서는 시위 행위에 대한 적법성 문제로 고민이 컸기에 이 문제가 해결되니 43명의 학생에 대해 지지와 지원이 가능했습니다. 하지만 민혁 군 문제에 대해서는 여전히 조심스러운 입장이었습니다.

교 ▪ 여러 상황의 고려를 해야 했을 학교의 고충도 이해는 합니다.

오 학교 입장에서는 민혁 군 문제에 앞서 다문화 학생에 대해 오랜 기간 토론과 회의를 거듭해 왔습니다. 하지만 현실적인 적용 문제에 있어서 어려움이 있었습니다. 학교 구성원들과 선생님들을 비롯한 학부모님들의 입장에서는 많이 조심스러울 수밖에 없었어요. 반면 학생들은 상대적으로 적극적이었는데 솔직히 학생들의 생각이 시간이 지나면서 바뀔 것이라 생각했습니다. 일례로 민혁 군과 민혁 군 아버지 재판에 대한 반응이 달랐습니다. 아버님의 경우에는 난민 인정 재판에서 탄원서를 제출할 때 학생들의 참여율이 매우 저조했습니다. 아마 민혁 군은 '우리의 오랜 친구'라는 인정 요소가 작용했기에 지지하는 반응이 더 적극적이었을 거예요.

교 결국 대법원에서 기각이 되었습니다. 하지만 민혁 군이 돌아가도록 할 수 없었기에 다른 추가 조치나 행동들이 있었을 텐데….

오 대법원에서 기각이 된 이후, 저희는 그때까지도 어떤 다른 절차가 있는지도 몰랐습니다. 이후 난민인권센터를 방문했는데 '난민 재신청' 절차가 있다는 것을 알게 되었습니다. 너무나 다행이었죠. 결국 민혁 군의 재신청 청구가 받아들여진 겁니다.

교 어린 나이에 재판을 받는다는 것이 굉장히 무섭고 스트레스였을 것 같아요. 그리고 혹시나 재판에 져서 이란으로 돌아갈 수도 있다는 사실보다 '재판'이라는 것 자체가 굉장히 두렵고 걱정이었을 텐데 당시에 어떤 심정이었나요? 그 압박감을 어떻게 견뎌냈을지가 더 놀라워요.

김 법원에 처음 갔을 때 중학교 3학년이었습니다. 친구들은 그 시기에 그냥 평범한 중학생이고 고등학교 입시를 준비하는 상황이었죠. 하지만 저는 시험 기간에도 법원에 갔었고 시험 당일에도 가야 했어요. 사실 재판 중에 많이 떨고 두려웠습니다. 잘못한 것도 없고 죄지은 사실이 없음에도 불구하고 출입국사무소 측이나 판사님의 질문이 굉장히 고압적이고 무서웠거든요. 판결과 앞으로 해 나가야 할 학교생활 및 미래에 대해 상당히 두렵고 걱정스러웠습니다.

교 민혁 군, 현재 한국어는 완벽해요. 그렇다면 지금 이 순간에 어떤 언어가 모국어라는 생각이 드나요?

김 저에게 모국어는 한국어가 되어버렸습니다. 저는 이제 이란어가 서툴러요. 마치 한국 친구들에게 영어 같은 존재가 되어버린 거죠.

교 한국 학생들에게 영어 같은 존재라고 하니 확 와닿네요. 결국 난민으로 인정을 받게 되었어요. 한국이라는 나라가 더욱 가깝게 다가왔을 것 같은데요. 이후 마음가짐의 변화에 대한 이야기 부탁드려요.

김 난민 인정을 받기 전에는 항상 불안하고 두려웠습니다. 오늘 비자 연장이 안 되면 오늘이 마지막이라는 생각이 전부였거든요. 난민 인정을 받고 나서는 이전보다 제약이 적어져 3년에 한 번씩 비자 연장을 합니다. 그래서 난민 인정을 받은 이후에는 무사히 고등학교를 졸업하고 한국에서 살 수 있겠구나, 하는 마음과 많은 두려움이 사라졌어요.

교 대한민국에서 '난민'이라는 단어와 상황은 여전히 생소합니다. 최근 배우 정우성 씨 덕에 그나마 조금 알려지긴 했지만 이곳에서 난민 문제는 여전히 낯선 이슈입니다. 참 여러모로 힘들었을 텐데 한국에서 난민으로 살아가는 것에 힘들고 불편한 점이 있을까요?

김 여전히 여러모로 불편합니다. 저는 '난민'이라는 자격을 인정받았지만 여전히 국적이 이란이기 때문에 은행에서 통장을 개설하는 데도 엄청나게 복잡하고 까다로운 절차를 밟아야 합니다. 그리고 많은 제약이 있기에 통장 개설을 해도 체크카드를 못 받는다는 불편함을 겪고 있습니다. 아직도 체크카드는 물론 학생증도 못 받았습니다. 모바일뱅킹 등도 제 국적이 걸림돌이 되어 가입을 못 합니다.

오 이란이 다른 나라와 달리 미국의 경제 제재 국가여서 그러한 점도 있습니다.

교 아, 정말 쉬운 것이 하나도 없네요. 제도를 개선해야 할 점이 하나둘이 아니네요. 저도 더욱 노력하겠습니다. 자, 그렇다면 민혁 군. 여러 상황에 대해 서울시교육청에서는 어떤 도움과 지원이 있었을까요? 오 선생님과 민혁 군 각각의 소회를 듣고 싶습니다.

김 무엇보다 당시 제 상황에 대해 언론이 관심을 갖는 데에 교육감님의 공개적인 지지 서한이 굉장히 큰 도움이 되었습니다. 교육청의 직접적인 일도 아니고 제가 교육청에 도움이 되었던 것도 아닌데 저를 위해 직접 시위 당일에 방문해주셔서 많은 감사함과 든든함을 느꼈습니다. 솔직히 행동으로 보여주신 모습에 너무 놀라웠습니다. 그리고 진심 어린 응원과 제 꿈에 대해 물어보시고 따뜻한 말씀을 해주셔서 너무 감격스러웠습니다. 형편상 도전하지 못하고 마음속으로만 품고 있던 제 꿈인 모델과 관련된 서포터도 해주셔서 믿어지지 않을 만큼 놀랍고 감동이었습니다.

오 방금 민혁 군이 말한 것과 더불어 서울시교육청에서 교육감님의 난민 인정 촉구 서한을 직접 법무부 장관께 보내주셨습니다. 그리고 실제로 면담을 요청해주시기도 하셨죠. 민혁 군이 난민 인정을 받던 날 학교 측을 대신해 서울시교육청에서 아주중학교 학생들의 입장문도 대독해주셨죠. 여러 상황과 입장이 있었기에 적극적인 대응이 난처했던 저희를 대신해 입장문을 발표해주시고 이후 지지 서한과 직접적인 학교 방문 덕분에 민혁 군의 상황이 언론에 긍정적으로 드러난 것 같습니다.

교 제가 더욱 뿌듯하고 기억에 남는 순간이었습니다. 이후 '꿈토링스쿨'이라는 프로그램에 참여한 것으로 아는데 어땠나요? 도움이 되었어야 할 텐데 말이죠.

김 서울시교육청과 이상봉 디자이너 선생님의 협업으로 패션에 관심이 있는 고등학생을 지원해주는 프로그램입니다. 실제 고1에서 고3 학생을 대상으로 패션 콘테스트를 열어 고등학생 디자이너와 모델을 각각 선정하고 각자의 지원 분야에 맞게 적극 멘토링해 줍니다. 학생이 직접 옷을 디자인하고 무대에도 설 수 있도록 돕는 '꿈토링스쿨'은 교육부 장관상 같은 큰 상도 수여되는 꽤 규모가 큰 대회이자 프로그램입니다.

오 한 가지 더 말씀드리자면, 교육감님께서 민혁 군을 아너스클럽이라는 곳에 연계를 해주셨습니다. 그래서 민혁 군이 3년에 걸쳐 천만 원 정도의 장학금을 지원 받을 수 있게 되었습니다. 덕분에 굉장히 요긴하게 사용할 수 있었습니다. 왜냐하면 난민 재신청 기간 동안은 법적으로 취업이 불가능했기 때문입니다. 그래서 민혁 군과 민혁 군의 아버님께서 그 보릿고개 같았던 생계를 유지하는 데 큰 도움이 되었던 것이 사실입니다.

교 정말 여러 번 곱씹어 봐도 어려운 일투성이고 쉬운 일은 없네요.

오 그래도 민혁 군은 난민 인정이 빨리 된 편입니다.

김 저는 인정까지 3년이 걸렸습니다. 아버지는 5년이 걸렸고요.

교 유럽의 경우에는 난민에 대한 이해나 제도, 그리고 다양한 혜택이 잘 되어 있습니다. 또한 수용에 대한 심리적 장벽도 낮은 편이지요. 이에 비해서 한국은 여전히 법적인 제재도 많고 폐쇄적인 게 사실입니다. 참 어려운 일이 많네요. '김민혁'이라는 한국인으로 살고 있음에도 말이죠.

김 저의 이란 본명은 이곳 친구들조차 모릅니다. (하하)

교 민혁 군이 한국에서 생활하면서 인권적인 차별이나 상처를 받았다거나, 반대로 차별받지 않고 동등하게 느껴져 특히나 기억에 남는 에피소드가 있을까요?

김 초등학교에 처음 입학했을 때는 전혀 한국말을 할 수 없는 상황이었습니다. 당시에는 '왜 친구들이 이란말을 하는 내 말을 못 알아듣지?' 하는 바보 같은 생각을 하기도 했습니다. 급식 배식 당번이었을 때 외국인인 저를 친구들이 피하거나 거부감을 표해 많이 상처받기도 했습니다. 하지만 초등학교 3학년쯤 친구들과 한국말로 대화가 가능해진 시점부터 축구도 같이 하면서 친해지기 시작했습니다. 축구를 하면서 '패스, 슛, 골' 이 세 단어만 알면 한국뿐만 아니라 세계 모든 초등학교 어린이들이 친해집니다. (하하) 그 이후에 제가 한국어 공부도 더 열심히 하고 중학교 때쯤 친구들과 거부감없이 친하게 지내게 되었죠. 오히려 외국인인데 한국어를 잘한다는 이유로 더 주목받고 인기가 많아지기도 했답니다.

교　그런데 앞에서 이야기한 '패스, 슛, 골'은 영어 아닌가요? (하하) 친구들과 달리 어른들은 어떤 식으로 민혁 군을 대했을까요?

김　처음에는 어른들께서 저에게 '하이, 헬로우' 하시다가 제가 한국어로 인사하고 예의 바르게 행동했거든요. 그래서인지 어른들께서 인사성 바르고 한국말 잘하는 외국인으로 좋게 보시고 나중에는 학부모님들 사이에서도 유명인사가 되었더라고요. 저는 사실 한국에서 한국어를 잘했기 때문에 운이 정말 좋은 케이스였죠.

교　그러한 이유로 모두가 민혁 군과 더 빠르게 친해진 걸 수도 있겠네요. 민혁 군의 꿈인 '모델'에 대한 이야기를 듣다 보니 한현민 씨가 생각나더라고요. 현민 씨를 직접 만나 본 적이 있는 걸로 아는데….

김　네, 만난 적이 있습니다. 저에게 한현민 형은 롤 모델입니다. 형은 차별을 딛고 꿈을 떳떳하게 이룬 사람이잖아요. 정말 공감이 많이 가고 마음이 가더라고요. 이상봉 선생님께서 진행하시는 프로그램 중 다문화 친구들을 위한 연말 자선 파티가 있는데요. 그곳에서 한현민 형을 만나게 되었습니다. 제가 난민 문제 관련 인터뷰 중 한현민 형을 롤 모델로 언급한 덕분인지 형이 저에 대해 이미 알고 계시더라고요. 그리고 실제로 국가인권위원회에서 같이 활동을 하기도 해서 가까워졌죠.

교　민혁 군은 스스로 정말 운이 좋은 경우라고 하지만 여전히 불

합리한 것들이 많이 보여요. 민혁 군이 생각하는, 앞으로 난민 문제에 대해 개선되어야 할 점들을 구체적으로 말해줄 수 있나요? 더욱 현실적으로 와 닿을 것 같네요.

김 사회의 인식 개선보다 먼저 정부의 구체적인 제도나 노력이 필요한 것 같아요. 난민 심사 당시를 떠올려 보면 심사하는 측에서는 저의 상황과 본국을 돌아갈 수 없는 이유에 대해 심사하는 게 아니라 종교적인 것에 초점을 두고 신앙의 점수를 묻더라구요. 예를 들어, 십계명을 아는지 묻거나 찬송가를 불러보라던가 교회에 대해 말해보라는 등 굉장히 허무맹랑한 질의가 이어지는 거죠. 한국에 거주할 자격이 있는가를 판가름할 수 있는 적절한 질문인지 의문이 듭니다.

오 우리 시민사회에서 논의되고 있는 차별금지법이 우선적으로 제정되어야 한다고 생각합니다. 방금 말한 난민심사제도 또한 현실적인 방향으로 개혁이 되어야 합니다. 현재 난민들은 목숨이 위태로운데 법무부 관료들은 편견에 사로잡혀 굉장히 관료적으로 진행하고 있습니다. 인권 의식을 갖고 조금 더 현실적이고 구체적인 개혁이 필요하다고 생각합니다.

교 그러고 보니 당시를 생각해 보면 중학생이라는 참 어린 나이였는데 재판을 받으러 다니는 현실이 쉽지 않았을 거예요. 어른들도 힘들어하는데 말이지요.

오 민혁 군이 정말 대견하고 대단한 게 재판뿐만 아니라 비자 문제에도 참 잘 견뎌내 주었습니다. 보통 비자를 길게 내주면 좋은데 굉장히 단기로 내줍니다. 고작 1개월씩 내주는 거지요. 그것을 연장하러 가면 담당자들의 고압적인 태도에 모멸감과 상처도 많이 받았을 것입니다. 먼 거리를 간신히 가서도 여러 가지 이유들로 거절당하고 본인들이 안내해준 서류를 제대로 챙겨가도 미비하다고 문전박대를 당하기도 했죠. 문의 전화 연결조차 안 될 때도 많고요. 난민들은 정말 주눅 들고 스트레스 많이 받을 거예요. 난민들에게는 정말 비자가 생명인데 어떻게 보면 그들이 난민들의 목숨줄을 쥐고 있는 거잖아요. 그것은 엄청난 권력입니다. 그러니 그런 관료적인 태도가 나오는 거겠지요.

교 오늘 인터뷰가 더 큰 변화를 위한 시작이 될 것임을 믿어 의심치 않습니다. 마지막으로 오현록 선생님께서 제자인 민혁 군에게 한마디 부탁드립니다.

오 지금도 충분히 잘하고 있어서 할 말이 별로 없네요. (하하) 현재 현실적으로 모델의 꿈을 이루기에는 키가 조금 작은 편이라 어렵지만 대신 대학 전공으로 선택한 사회복지사라는 훌륭한 꿈을 굉장히 지지하고 응원합니다. 민혁 군이 지금 인권과 관련된 여러 활동을 잘하고 있는데 인권과 맥이 맞닿은 사회복지사라는 꿈을 대한민국에서 잘 해내리라 굳게 믿습니다.

교 네, 좋은 말씀 감사합니다. 제가 해주고 싶은 이야기까지 다 해주셨네요. 민혁 군, 앞으로는 사회복지사로서의 꽃길을 굳건히 응원합니다.

학생의, 학생에 의한, 학생을 위한 학교

_ 배성호(송중초 교사)

학생자치활동은 자율과 참여를 바탕으로 학생 스스로 학생조직을 구성하고 주도적으로 활동을 전개하여 학생의 권리를 옹호하고 민주시민으로서의 자질과 태도를 함양할 수 있는 모든 행동. 학생들이 존중과 배려의 마음으로 협력과 연대의 토론 중심 학생자치를 실현하고 학교 안팎에서 일상적으로 마주하는 삶의 문제들을 해결하기 위한 실질적인 활동으로 확장시키는 것이 목표. 이번에 만난 배성호 교사는 학생들이 겪는 다양한 문제들을 교육과정과 연계하여 학생 참여형 수업 또는 프로젝트로 풀어가며 학생들이 자신의 권한을 알고 시민사회의 일원으로서 더 책임감 있는 참여자로 성장할 수 있도록 이끌고 있는 선생님.

배성호(이하 '배') 안녕하세요. 송중초등학교 교사 배성호입니다. '교사'라는 직업이 단순히 학생들에게 일방적으로 지식을 전달하는 존재가 아니라 학생들과 함께 성장하는 존재라고 생각합니다. 또한 비단 학교와 교과서에 국한된 교육이 아닌, 세상을 드넓은 배움터로 삼아 교육하려 애쓰고 있습니다.

교 최근 들어 점차 교육의 주체가 교사 중심에서 학생 중심으로 변화하고 있는데요. 여러 가지 힘든 점이 많음에도 불구하고 이러한 변화가 생기는 이유와 긍정적인 점에 대해 말씀해주시겠습니까?

배 사실 교육 패러다임이 이제는 바뀌고 있고 바뀌어야 하는 게 맞습니다. 사실 이러한 변화는 우리나라에만 국한된 것이 아니라 세계적인 흐름입니다. 우리나라를 포함한 세계 모든 교육 현장에서는 학생 참여 역량을 강조하고 있고 최첨단 시대에 발맞춘 교육 현장에는 이미 다양한 신기술의 교육 도구들이 들어와 있습니다. 따라서 우리 아이들은 주어진 지식을 타율적으로 습득하기만 하는 것이 아니라 다양하게 주어진 지식을 실행하고 어떻게 풀어낼 것인가를 창의적으로 고민하며 배움을 확장하는 세대입니다. 미래 교육의 가장 큰 화두이자 과제는 학생들의 성장과 참여입니다.

교 그렇다면 현실적으로 생각해봤을 때 초·중학교 과정은 이런 학생 참여 중심 수업이 가능할 것 같은데, 입시라는 벽이 존재하는 고등학교 현장에서는 학생 중심 수업이 가능할까요?

배 너무 중요한 질문인데요. 현재 초등학교에서는 다양한 주제 통합형 수업이 이뤄지고, 중학교에서는 자유학년제 등의 유연한 정책이 실행 가능하지만 지금까지 우리 교육 현실을 생각하면 고등학교에 적용하기가 어려운 건 사실입니다. 물론 대학 입시만이 아닌 특성화고 학생들이나 자유의지로 대학에 가지 않는 청소년도 있고 대학에 가는 학생들조차 기존의 일방적인 지식 습득 방법보다 자신들이 원하는 교육 방향을 자유롭게 선택하고 교육받을 수 있는 방식이 더 효과적일 수 있습니다. 그리고 그런 학생들이 참여하는 과정 자체가 더 의미 있는 교육이 아닌가 싶어요.

교 학생들의 자발적인 참여가 어떻게 가능하다고 보십니까? 구체적인 사례가 있다면 함께 설명 부탁드려요.

배 생각보다 전향적으로 많이 바뀌고 있습니다. 당장 초등학교 4학년 사회과 교육 과정에서는 '주민참여'라는 주제를 다루기도 하고 초등학교뿐만 아니라 중고등 교육 과정 내에서도 또래 친구들이 주체적으로 정책 실현에 참여하고 바꿔나가는 사례를 싣기도 했습니다. 일례로, 국립중앙박물관에서 도시락을 먹을 장소를 확보하는 것에 대한 안건을 제시하고 활동한 내용이 교과목의 민주주의 단원에 수록되었습니다. 또한 안전지도를 만들어서 지자체장들에게 직접 연락해 바꾼 사례도 현행 초등 사회 교과서에 수록되어 있답니다. 사실 학생들을 참여 과정에서 아무 맥락 없이 참여하라는 것은 매우 무책임하잖아요. 그래서 이 참여 과정을 몸소 체험할 수 있는 활동이 다양하게 마련되고 있습니다. 학급운영비 사용에 대해 학생들이 직접 고민하고 방법을 찾으며 실천할 수 있도록 '학급참여예산'이라는 구체적인 제도를 통해 책임과 권한을 갖게 하도록 하고 있습니다. 우리는 그동안 아이들에게 너무 '의무'만 짊어지도록 강요했잖아요. 최근에는 아이들에게 '권한'이라는 것을 더 강조하고 시민사회의 일원으로 더 책임감 있는 참여자로 성장할 수 있게 초중등 교육 과정까지 확대하도록 개정에 대한 논의를 진행 중입니다.

교 학교 공간에 대한 이야기도 나누어보고자 합니다. 학생들은 학교 공간 변화에 대해 어떤 관심을 갖고서 어떤 방식의 참여를 선택하나요?

배 학생에게 학교 공간을 바꾸거나 발 딛고 있는 삶의 터 자체를 바꾼다는 것을 고민하게 하는 것은 사실 어렵고 부담스러운 주제일 것입니다. 그러나 이것들을 열어가는 통로들이 존재합니다. 제가 아이들에게 늘 강조하는 것이 있는데 익숙한 일상들에 대해 '여행자의 시선'으로 관찰하다 보면 새롭고 낯설게 느껴지는 것들을 발견하게 된다는 것입니다. 가령 이전 학교에서 쓰다가 쓰지 않게 된 회의용 소파를 교실 뒤에 두었는데 이를 통해 아이들은 새로운 것들을 시도하는 '체험' 자체를 경험하는 거죠. 학생들뿐 아니라 우리도 일상에서 집안의 공간에 변화를 주면 소위 새로운 감정을 느끼고 창의적인 영감을 얻는 계기가 되기도 하잖아요. 곰 인형을 마련해서 교실에 두는 안건에 대해 학생 참여 집행을 한 적이 있습니다. 아이들이 곰 인형을 가져다 둠으로써 사진도 찍고 학급을 상징하는 존재로 인지하기 시작했는데요. 이것은 아이들이 공간에 관심을 갖는 계기가 되는 겁니다. 여기에서 더 나아가 학교 내 여러 공간을 촬영하는 사진찍기 수업을 시작했습니다. 마치 기자들처럼 부족한 점을 찾아내어 그것을 학교 선생님들에게 공유하고 함께 변화에 대해 모색하는 거죠. 아이들은 작은 변화지만 그것을 이루었을 때 자기 자신의 주체적 참여와 효능감을 느끼는 경험을 하게 됩니다. 이것이 학생 참여의 핵심 목표이자 교육적으로 가장 의미 있는 순간일 것입니다. 물론 선생님에게도 굉장히 의미가 큽니다. 아시다시피 선생님들에게 오랜 시간 머무는 학교라는 공간은 늘 익숙하고 권태롭지만 이런 새로운 변화를 통해 학교라는 공간을 낯설게 보게 되고 유쾌한 상상이 가능하게 되는 거죠.

교 코로나 시국인 요즘 현장에서 직접 느끼시고 생각하시는 교육 정책과 시도들이 어떻게 변화되었고 앞으로 어떻게 변화할지 의견 부탁드립니다.

배 전례 없는 코로나 시국으로 인해 학교 활동들이 많이 위축되었습니다. 그런데 역으로 저희가 생각할 여지가 더 생긴 것 같아요. 학급 내, 가림막이 있어 활동이 답답하고 제한적인 공간이 오히려 아이들의 학습 공간에 대한 새로운 생각거리가 열리는 계기가 된 거죠. 학급 당 인원수에 대한 공론화가 시작되었어요. 이전까지 우리나라는 성장 시대에 과밀한 학급 인원으로 거의 야만에 가까운 학급 현장을 경험했으나 지금은 밀접 접촉자 제한을 위함과 동시에 OECD 권고 기준에 맞춘 20명 이하의 선진국 수준의 인원수를 얘기하고 있습니다. 더 나아가 물리적 공간에 대한 변화뿐만 아니라 건축 자재의 품질이나 내장재의 안정성 등 아이들 공간에 대한 혁신적인 이야기가 화두로 떠오르고 있죠. 심지어 가림막도 KC인증 확인을 통해 안전성을 확인받은 것인지, 친환경 소재인지가 중요한 화제로 대두되고 있을 만큼 학교 공간의 선진화가 이루어지고 있습니다. 분명 우리 교육 공간이 나아지는 방향으로 가고 있지만 보이지 않는 부분도 더 노력이 필요합니다. 제가 작년에 시·도 교육감 협의회에서 학교 공간 혁신 보고서 공동연구원으로 참여했는데 우리나라 교육 현장은 외형의 물리적 변화뿐 아니라 내장재 즉, 질적 변화에 대한 노력이 여전히 간절합니다.

교　학교 공간 변화의 시작과 과정, 그리고 전반적인 시행착오에 대해 궁금한 점이 많습니다.

배　제가 항상 생각하는 건데 변화는 늘 최악의 상황에서 일어나는 것 같습니다. 아시다시피 기존의 학교 공간은 너무 낙후되고 오래되어 아이들에게 마냥 안전한 공간은 아닙니다. 이전 부모님 세대에는 학교 공간이 집보다 세련되고 편안한 공간이었습니다. 하지만 요즘 아이들에게는 자신들의 집보다, 심지어 학원보다도 불편하고 낙후된 공간으로 인식됩니다. 그리고 해외의 선진화 된 교육 공간에 대한 사례를 살펴보면서 우리 학교 공간의 부족한 점과 변화에 대해 더 고민하게 된 거죠. 정책이 뒷받침되면서 기존 공간의 네모 형태가 아니라 아이들에게 편안하고 창의적인 사고를 일으키는 기능적인 공간에 대한 요구도 증대되었고요. 다만 주의해야 될 것은 마치 군사 작전처럼 일방적인 물량 공세를 퍼붓듯이 해서는 안 된다는 것입니다. 그렇게 했을 때 어떤 문제가 생기느냐면 서울은 물적 인적 자원이 풍부해 괜찮겠지만 지방은 수급이 맞지 않은 상황이 생겨 서울만큼의 속도로 진행하기가 어려워집니다. 학교는 여름과 겨울방학 때에만 공사가 가능하기 때문이죠. 따라서 부분적으로, 순차적으로 풀어가는 것도 충분히 생각해야 하고 부작용을 최소화할 수 있는 다차원의 작업이 반드시 필요합니다. 다시 말해, 교육 환경에 대한 문제는 건축에서 유쾌한 사회적 상상력을 발휘해 교육계를 비롯해 시민사회가 함께 연대해 풀어나가야 할 부분이라고 생각합니다. 최근 학교 건축 문제에 있어 가장 큰 어려움은 건축가들조차 학교 공간에 대한 작업을 서로 하지 않으려고 한다는 점입니다. 왜냐하면 학교 건축 허가에 있어 다소 경직된 행정 절차나 불필요한 관행들이 너무 많기 때문입니다. 학생들을 위해 더 좋은 품질의 자재를 사용하려다가 행정실에서 감사 문제에 부딪혀서 역으로 징계를 받은 경우도 있습니다. 따라서 현행법상 건축법보다 상위에 있는 학교법이 현실적으로 개정되고 학교 건축에 대한 현실적인 고민과 유연한 절차의 개선이 절실히 필요합니다. 현재 최저 낙찰제로 공사가 진행되는 것도 문제입니다. 최저 입찰제에 대한 문제를 반드시 풀고 부실화 공사를 막아서 내실 있는 건축이 가능하도록 해야 합니다. 제가 정말 속상했던 경험이 있는데요. 최근 교육부 장관님과 교육감님께서 함께 방문하신 어떤 학교에서 제가 큰 심포지엄의 연사로 나섰던 적이 있습니다. 그 학교의 공간을 측정했는데 이전에 지어진 일반 학교보다도 더 낮은 질의 마감 상태로 확인되었어요. 품질이 좋지 않은 마감재를 잘못 쓴 거죠. 따라서 학교 공간에 대해 획일적이고 표준화된 모델이 아니라 세밀한 탐구와 다각도에서 바라보는 깊은 고민이 필요하다고 생각합니다. 마지막으로 가장 큰 고민이자 문제점은 학교에서 예산 사용에 대한 것입니다. 학교 특성상 행정실에서 예산을 집행하는 순간, 돈이 굉장히 경직되게 사용될 수밖에 없습니다. 제가 삼양초등학교 공간을 혁신적으로 바꿀 수 있었던 이유는 외부 펀딩과 교육청의 MOU로 인해 돈을 유연하게 쓸 수 있었던 게 아닐까 싶어요. 아이들을 위해 친환경 자재나 원목을 합리적인 가격에 확실히 기존의 절차보다 수월하게 잘 살 수 있었던 것 같아요. 물론 이런 예산 집행 과정은 지금은 사라졌지만 예전에 있었던 비리와 잘못된 관행을 막고 유연한 방법과 함께 조화를 이루어야 합니다. 또한 교사들 중 저처럼 교육 환경 개선 업무 자체를 즐겁게 하는 사람도 있지만 솔직히 사람마다 성향이 다 다르잖아요. 그래서 교육부에서 이런 과정 자체를 자발적으로 즐겁게 할 수 있도록 체계적으로 지원해줄 수 있는 중추적인 센터의 필요성이 절실합니다. 한마디로 교사들 모두가 함께 조화롭게 참여할 수 있는 제도적 정비가 필요하다는 거죠. 그리고 최근에 초기 TF팀 정기 이동으로 인해 교육청 담당자분들이 새로 바뀐 점이 아쉬웠어요. 사실 그 노하우와 아이디어가 가늠할 수 없을 만큼 엄청난데 팀이 바뀌어서 너무 아쉽죠.

교육부나 교육청에서 노하우나 경력이 유지되고 연속성이 생길 수 있도록 체계를 정책적으로 만들어주었으면 좋겠습니다.

교 교문 만들기 프로젝트에 대해 이야기를 나누기 전에 다양한 정책에 함께해주셔서 감사하다는 말씀부터 전하고 싶습니다. 자, 그럼 교문 만들기 이야기를 시작해볼까요?

배 결핍이 풍요를 낳는다는 말이 정말 맞는 것 같습니다. (하하) 서울삼양초등학교 공간을 바꾸게 된 계기가 바로 '교문' 때문입니다. 서울삼양초등학교는 가파른 언덕에 위치해 있는데요. 현장 체험 학습 당일에 아이들을 태우러 온 대형버스가 험난한 언덕 때문에 사고가 난 적이 있다고 하더라고요. 그래서 학생들이 직접 캐리어를 끌고 언덕 위에서 차를 탔습니다. 저 또한 실제로 그렇게 하라고 지도했고요. 너무 감사하게도 서울삼양초등학교 동문 선배들께서 교문을 직접 지어주시겠다고 제안해 주셨습니다. 그 제안이 굉장히 좋은 출발점이 되었죠. 교장 선생님께서 교문 만드는 프로젝트를 맡아서 이끌어보면 어떻겠냐고 제의해 주셔서 당시에 4년이라는 시간이 걸릴 것이라고 예상하지 못했지만 굉장히 즐거운 마음으로 임했습니다. 저는 그 프로젝트를 시작하는 과정에서 익숙한 것을 낯설게 바라보는 시선을 갖게 되었습니다. 몇 년 전 서울시립대학교 도시공학과 정석 교수님의 제안 덕분에 초등학생과 대학생의 공동수업을 열어가게 되었습니다. 이때 맺은 인연으로 도시공학과의 동아리, 디자인어스에서 교육 만들기를 할 때 큰 도움을 주었답니다. 서울삼양초 교문 만들기 과정에서 전교생을 대상으로 문화상품권을 부상으로 내건 공모전을 개최했습니다. 서울삼양초 학생들은 교가를 분석하고 다른 학교 교문을 구글링해 비교해가며 분석할 정도로 열정적으로 참여했습니다. 게다가 목마른 사람이 우물을 판다고, 제가 직접 명망 있는 공공건축가에게 메일을 보내서 흔쾌히 무료 설계까지 도와주겠다는 답변도 받아냈습니다. 구조 안전 검사까지 할 정도로 프로젝트가 잘 진행되나 싶었는데 갑작스레 처음 '교문 프로젝트'를 제안했던 동문회 주체자의 회사가 경영난을 겪고 예상치 못한 여러 악재가 겹쳐 교문을 못 짓게 되면서 2년의 시간이 훌쩍 지나갔습니다. 하지만 저는 이 과정에서 오히려 아이들에게 많이 배웠습니다. 아이들은 지난 경험을 살려 서울시 교육감님에게 편지를 쓰자는 제안을 했고 이제 교육감님께서 아이들의 용기를 칭찬하는 답장을 잘 보내주신 덕분에 교문 프로젝트가 재진행하게 되었습니다. 서울삼양초등학교 교문의 특징이 기존 학교 교문들과는 조금 다릅니다. 언덕에 있는 학교이다 보니 교문 위치가 재조정되면서 밑쪽으로 내려오게 되었습니다. 그리고 옹벽에 아이들이 가장 선호한 모양인 '연필' 모양과 전교생의 소원이 담긴 호박돌 형태가 조화롭게 어우러져 마치 소원의 탑 같은 특별한 교문이 탄생하게 된 것이죠. 아이들의 꿈을 담은 교문은 감사하게도 졸업식 시기와 맞물려 교육감님 인사말과 함께 너무 늦지 않게 선보일 수 있게 되었습니다. 이 교문 프로젝트 덕분에 저는 서울시교육청의 제안으로 학교 공간을 바꾸는 파일럿 프로그램인 '꿈담교실 프로젝트'까지도 참여하게 되었습니다.

교 그렇다면 학교공간혁신정책을 위해 서울시교육청이 어떤 노력을 더 해야 할까요? 다양한 정책에 꾸준히 함께해주신 선생님의 족집게 같은 의견이 너무나도 절실합니다.

배 사실 서울시교육청은 '꿈을 담은 교실'과 '화장실 변화', 그리고 '서울삼양초등학교 교문'을 통해 학교 공간 변화에 대한 선도적인 역할을 해왔다고 생각합니다. 게다가 정책적으로 '그린스마트미래학교'를 견인하는 역할까지 하며 아이들 교육에 끊임없이 애쓰신 점에 대해 교육자로서 큰 감사함을 느낍니다. 하지만 이제는 큰 것보다 소소한 변화들에 다양한 시도를 해봤으면 좋겠습니다. 작은 변화지만 교실 공간을 바꿔나가는 데 있어 학생들이 직접 참여할 수 있는 기회가 마련되었으면 합니다. 그리고 교실 뒤쪽에 설치된 게시판 등이 유해 성분이 많은데 아이들을 위해 안전하고 좋은 품질의 소재로 바꿔주는 작업도 함께 이뤄지길 바랍니다. 이런 작은 공간 변화를 위해 아이들이 직접 참여할 수 있는 발판을 마련해주는 것은 교육적으로 굉장히 중요합니다. 특히 중고등학교 학생들은 자율활

동시간을 통해 자기 주도적으로 참여할 수 있는 산교육이 가능합니다. 이런 교육은 사실 큰 예산이 들지 않아도 교육 당국의 세심한 노력을 곁들인다면 적은 예산 지원이나 전문가 조언을 통해 작지만 큰 변화를 일으킬 수 있다고 생각합니다. 저는 돈이 많고 강한 나라가 선진국이 아니라 문화가 아름답게 꽃피우는 곳이 선진국이라 생각합니다. 단조로운 교실 한 켠에 꽃 한 송이가 피어나는 유쾌한 변화의 시작은 아이들의 감성과 창의력을 키울 수 있는 곳으로 충분히 탈바꿈할 수 있어요. 이제는 큰 공간의 변화만큼 아이들의 정서적 안정을 위한 세심하고 소소한 공간의 변화를 일으킬 차례라는 겁니다. 저희 반 학생들이 자신들의 공간을 위해 곰돌이 인형을 사고자 예산을 신청했던 것처럼 공간 변화를 위해 아이들이 직접 참여하도록 세심한 지원이 필요해요. 코로나 시대에 메마른 아이들의 정서적 안정과 포근한 감성을 위한 섬세한 정책이 마련되어야 한다는 거죠. 그리고 재차 강조하고 싶은 점은 학생들을 위해 안전하고 좋은 품질의 건축 자재에 대한 리스트가 확보되어야 한다는 사항입니다. 북유럽 같은 경우에는 친환경 '스완(백조) 마크'라는 인증을 통해 아이들에게 사용되는 자재나 제품의 안전을 보장하고 있습니다. 또한 미국 월마트의 경우에도 안전 기준을 모두 증명해야 제품이 유통되는 것으로 알고 있고요. 따라서 앞으로는 학교에서 사용하는 모든 것들에 대해 안전 기준을 마련해 아이들의 안전과 건강한 학교 생활을 보장하는 것이 앞으로 우리가 더 고민해야 할 중요한 과제라고 생각합니다. 사실 이러한 기준이 학교에서 마련된다면, 나아가 국가 산업 생태계 전반에도 큰 영향이 미칠 것이기에 분명 유의미한 일입니다. 따라서 서울시교육청만의 일이 아니라 산업통상자원부 즉, 국가적 차원에서 생각해 봐야 할 문제라는 거죠. 이 아이디어들은 아이들이 고안해 낸 것이기도 합니다. 심지어 현재 우리나라도 '스완 마크'처럼 인증마크를 만들어내자는 캠페인을 유자학교에서 시작하기도 했습니다. 교육청에서 시범적으로라도 학생들이 직접 참여할 수 있는 작은 통로를 마련해주면 좋겠어요. 기성세대들은 절대 생각하지 못하는 것들을 우리 아이들은 무궁무진하게 생각하고 떠올리잖아요. 그리고 자신들만의 방식대로 새롭고 다양하게 풀어나가기도 하구요. 그래서 교육청에서도 큰 정책에만 매달리기보다 아이들이 전문가들과 협업해 재밌게 창출해 나갈 수 있는 소소한 정책 마련에도 관심을 기울여 주었으면 좋겠습니다. 물론 서울시교육청이 지금도 충분히 잘하고 있지만 작은 소리에 더 귀 기울여 준다면 더 나은 방향으로 나아가지 않을까 생각합니다.

청소년기후소송에서
생태전환교육까지

_ 김소영(성대골에너지전환운동 활동가), 방태령(대학생)

생태전환교육은 기후 위기 비상 시대를 맞아 인간과 자연의 공존과 지속 가능한 삶을 위해 개인의 생각과 행동, 그리고 조직문화 및 시스템까지 총체적인 전환을 추구하는 교육정책. 생태전환교육은 2020년 서울특별시교육청에서 처음으로 주창하였고, 그 시작은 2019년 8월 스스로를 기후 위기에 직면한 '멸종위기종'라고 부르던 청소년 기후소송단 학생들의 교육감 면담 요청에서부터였음. 청소년기후소송단은 '교육청 차원의 기후 위기 대응과 선언', '실질적인 기후 위기 교육', '청소년 기후 행동을 공식적으로 지지하고 학생 참여 보장' 등을 요구하였고 그에 기반하여 생태전환교육 종합계획을 수립하여 현재는 교육기본법과 개정교육과정을 통해 모든 학교가 생태적 전환을 위한 교육을 실시할 것이 명시되는 등 나날이 그 위상과 역할이 커지고 있음. 이번에 만난 방태령 님과 김소영 님은 2019년에 만났었던 청소년기후소송단의 일원으로 활동했었던 기후활동가.

교 안녕하세요. 청소년기후행동과 생태전환교육에 대한 인터뷰를 진행하게 되어 영광입니다. 우선 자기소개 부탁드립니다. 방태령 학생의 활동상이 많이 기대됩니다. 어떻게 이러한 활동을 하게 되었는지도 궁금합니다.

방태령(이하 '방') 저는 현재 대학교 입학을 앞두고 있어요. 청소년기후소송단 초기에 활동하게 된 계기는 2018년 중학교 때 단체 회원을 모집하는 공지를 관심 있게 봤기 때문이에요. 공지에는 이틀간 캠프 형식으로 활동을 진행한다는 내용이 담겨 있었죠. 선생님의 추천으로 친구들과 함께 참여했습니다. 생각보다 심각한 환경 실태에 대해 더 잘 알게 되었고 적극적으로 활동해보고 싶었습니다.

김소영(이하 '김') 저는 동작구 상도3동, 4동 2개의 동에서 성대골에너지전환운동을 하고 있는 활동가입니다. 기후소송을 처음 제안한 사람이기도 합니다. 그 운동이 시작된 것은 2018년 지방선거 때입니다. 당시 6.13 지방선거는 수요일이었는데 월화 이

틀간 방태령 학생이 다니고 있던 상도동 국사봉중학교에 내일 모레가 선거인데 후보들의 공약집을 잘 살펴보고 환경과 관련된 공약이 있는지 함께 이야기 나누고 싶다고 요청했습니다. 너무 감사하게도 한 반에 2시간씩 10개 반 학생들이 조사할 수 있도록 협조해주었죠. 거의 1교시부터 7교시까지 하루 종일 살펴봐 준 거죠. 저희가 그때 만났고 수업 말미에 EBS에서 제작한 미국 트럼프 대통령을 상대로 청소년기후소송을 한 내용을 담은 다큐를 관람했습니다. 그리고 학생들에게 현재 후보들은 환경에 관한 공약이 거의 없고 지금 우리가 이것에 대해 아무런 행동도 하지 않는다면 4년 후 여러분이 투표할 때도 똑같은 상황일 것이라는 말을 전했죠. 지금은 투표권이 있는 학생이 되었잖아요. 올해 2022년 교육감 선거를 위한 유권자가 된 거죠. 트럼프를 상대로 소송하는 친구들 무리에는 8~9세 아이들도 있었어요. 그래서 우리 한국도 기후가해국가이고 한국의 청소년들도 미국처럼 나서야 하지 않겠느냐고 제안했지만 당시 반응은 굉장히 부정적이었죠. 그래서 계속 주변 활동가들을 조직해 이 문제에 대해 계속 논의했지만 우리나라는 불가능할 것이라는 반응이 더 컸습니다. 이후 우리가 '청소년기후행동캠프'를 한번 만들어 보자는 의견이 나왔고 2018년 8월 17, 18일 1박 2일간 공간을 대여해 학생을 모집했죠. 학교에 캠프 관련 내용을 보냈고 50명의 아이들이 참가한 첫 캠프가 열렸습니다.

교 캠프가 성공적이었다는 이야기가 무엇보다 반갑네요. 캠프 이후 학생들은 점차 기후에 대해 깊은 관심을 갖고서 청소년기후소송단을 조직하기에 이릅니다. 당시 학생들이 자신들을 멸종위기종으로 불렀던 것이 상당히 인상적이었어요.

김 계속해서 지구의 온도가 상승하는 것은 현재 우리가 당면한 현실인데 어른들 모두가 과거도 현재도 모두 외면하는 게 사실이잖아요. 이렇게 계속 지구의 온도가 상승하고 기후 현상이 악화되면 '우리' 자체에도 위기이기 때문에 '멸종위기종'이라는 표현이 청소년들로부터 나왔어요.

교 청소년기후행동을 시작할 당시 스웨덴의 그레타 툰베리의 활동이 영향을 미쳤는지도 궁금해요. 아무래도 툰베리의 활동이 상당히 인상적이었으니까요.

방 그레타 툰베리가 혼자서 활동을 시작했다는 점에 정말 놀랐습니다. 학교에 가지 않으면서까지 혼자 시위한다는 게 놀라웠죠. 솔직히 한국에서 그렇게 한다는 건 거의 불가능하잖아요. 일단 우리나라에서는 현실적으로 학교를 결석해가면서까지 시위를 한다는 게 어려운 일이고 만약 그렇게 한다 해도 좋지 않은 시선으로 볼 것이 뻔하거든요. 학교를 빠지면서 오는 분도 계셨지만 현실을 무시할 수 없었던 사람들은 주말 시위에 참석하거나 하교 후 가는 경우가 많았죠.

교 · 왜 지금 멸종위기종이라는 표현이 중요할까요? 현실적으로, 그리고 충격적으로 와 닿는 예시나 에피소드가 있어야 많은 분들께서 조금이라도 더 관심을 가질 것 같아요.

김 2018년 6.13 지방선거 때 시작해서 8월에 캠프를 하고 홀짝 달 별로 포럼을 지속적으로 개최했습니다. 이런 행사에 참여한 청소년들은 자신을 '미래 세대라고 하지 마라'며 분노의 반응을 보였습니다. 기후 변화로 인해 불확실하기만 한 미래를 결정 짓는 중요한 상황에서 오히려 미래의 주인들을 소외시키는 모습에 대한 불만 표출인 거죠. 그래서 '멸종'이라는 단어가 나왔어요. 특히 인천 송도에서 2018년 10월 8일 발표된 IPCC 1.5도 특별보고서가 가장 결정적인 이유였을 겁니다. 그때 150명 정도 현장에 갔습니다. IPCC가 10월 1일부터 5일까지 개최되었는데 3일이 휴일이어서 버스 2대로 현장에 가 모두 함께 하루 종일 시위에 참여했죠. 가장 충격적이었던 사실은 30년 안에 이 기후 문제를 해결해야 하고 그 위기는 인간이 자초한 것이며 세계 어느 나라도 살아남을 수 없다는 것이었습니다. 2015년 파리기후변화협약 이후 3년에 걸쳐서 전 세계 과학자들이 참여해 만장일치로 그 보고서를 채택했습니다. 그레타 툰베리가 결석해가며 시위를 주동할 만큼 위기 인식 상황이었고 저를 비롯한 많은 사람들에게 충격이었습니다. 그 보고서를 계기로 지역 활동의 방향이 바뀔 만큼 큰 반향이었어요. 거기에는 1.5도를 넘기면 정말 심각한 상황에 직면하게 된다고 했는데 당시에는 9~10년이 남았다고 했지만 지금은 5년이 남았다고 예측들을 하죠. 그렇지만 지난 5년 동안 큰 변화가 없었고 앞으로 남은 시간도 기대하기 어렵다고 생각되죠. 결국 분명하게 우리 모두가 멸종할 것이고 자명한 현실은 방태령 학생 세대는 멸종의 마지막 세대라는 거죠. 10월 3일 그때 사무총장이 그런 말을 하더라고요. '우리는 기후 위기를 인지한 첫 세대이자 기후 위기를 해결할 수 있는 마지막 세대다.'

교 생각 이상으로 너무나도 심각한 상황이군요. 이후 진행된 활동들에 대한 이야기 부탁드립니다. 저를 상대로 진행하셨던 시위가 기억에 남습니다.

김 2018년 10월 IPCC 총회 이후 지속적으로 캠프와 포럼 활동을 해오다가 2019년 3월 15일부터 그레타 툰베리와 전 세계 청소년들의 '기후를 위한 학교 파업 School Strike for Climate'라는 기후위기 행동을 시작했을 때 우리나라 아이들은 결석해가면서까지 시위에 나올 리 없으니 활동가들 다수는 16일 토요일에 하자고 제안했었죠. 하지만 저를 포함한 몇 명이 전 세계 아이들이 15일에 하는데 16일에 하는 것이 무슨 의미가 있냐며 그 의견에 반대했죠. 차라리 16일에 참여할 거면 새로운 주말기후위기행동을 하는 게 낫지 당일에 참여하지 않는 건 본래의 의미를 흐린다고 생각했습니다. 어쨌든 그런 의견이 엇갈리다가 결국 3월 15일 청와대 앞에서 100여 명의 학생들과 시위에 참여하게 되었죠. 학생들이 10명만 나와도 많은 거라 생각했는데 세종문화회관 앞에 100여 명의 학생들이 와주었어요. 그날 모두 모여 청와대를 향해 행진했죠. 5월 24일에는 교육청을 목표로 시위를 진행했습니다. 처음에는 굉장히 힘들었죠. 교육감님과의 만남은 물론 불가능했고 문 앞에서 차단당했으며 저희의 이야기를 담은 봉투만 겨우 전달되었습니다. 그러고 나서 교육감님과의 만남을 재시도했는데 또다시 실패하고 이후 지속적으로 SNS에 '응답하라교육감' 캠페인이 진행되었죠. 그 결과 드디어 교육감님과의 만남이 성사되어 첫 미팅을 하게 되었습니다. 당시 교육감님께서 저희의 이야기에 많은 공감을 표하시고 대답에도 적극적으로 응해주시더라고요. 이후 서울시와 서울시교육청이 함께 손을 잡고 서울시는 '전환도시과'를 만들었고 교육청은 기후 위기에 대한 교육을 위해 예산을 늘려 생태 전환 교육을 시작했습니다.

교 기후 예산 증액과 더불어 서울시교육청의 지원으로 무엇이 가장 달라졌는지 말씀 부탁드려요. 가시적인 성과가 있었어야 할 텐데 말이지요. 지금도 너무나 위기이니 말이지요.

김 코로나19로 인해 많은 상황이 바뀌었지만 에너지 효율을 높이기 위해 건물 상태나 조명, 환경 등을 고려한 환경 교육이 시작되었습니다. 기후 행동 초반에는 성대골 주변 학교의 3~4명 정도 교사들이 기후 위기 활동에 참여하셨는데, 지금은 많은 교사들이 관심을 갖고 성대골에 연락을 하십니다. 생태 전환 교육은 기후 위기 교육이자 탄소 중립 목표 달성을 위한 첫걸음으로 학생들과 함께 탈탄소시대를 열어가기 위해 반드시 필요한 교육인 거죠.

교 현재 코로나19가 인류에게는 적이지만 지구에는 백혈구라는 말이 있을 정도로 너무 아이러니하게 코로나19로 인해 환경이 완화되었다고 합니다. 이 상황에 대해 선생님께서는 어떻게 생각하시나요?

김 저는 특정 종교인은 아니지만 '신의 가호가 있구나' 하고 느꼈습니다. 세상 이치가 참 묘하다고 생각돼요. 2018년 'IPCC 1.5도 보고서' 이후 2~3년이 지나도 변화가 없었는데 코로나19 바이러스로 인해 일시적으로 환경 문제가 심각하다는 것을 새삼 인식하게 된 계기가 되었잖아요. 하지만 잠시 그때뿐인 듯해요. 이제 마스크가 익숙해졌으면 발전을 멈추고도 살 수 있겠구나, 라고 생각해야 하는데 이 전염병 사태가 끝나기만을 벼르듯이 기다리고 있죠. 저는 현 시점이 교육계에서 굉장히 중요하다고 생각해요. 멈추라는 이 메시지에 경각심을 갖고 전염병 이전 상태로 다시 돌아갈 수 있는 상황이 되더라도 이전처럼 살아서는 안 된다는 교육이 필요합니다. 정말 본격적인 멸종의 시대를 경고하기 위해 지구가 주는 마지막 기회라는 것을 인지해서 지금이 환경과 공생하며 살 수 있는 구체적인 계획을 마련할 귀한 시간임을 명심했으면 좋겠습니다.

교 방태령 학생의 의견도 궁금해요.

방 맞고 틀린 것은 없지만 정말 아이러니하다고 생각했죠. 그리고 사람들에게 정말 실망하기도 했고요. 코로나19 규제가 조금이라도 완화되면 '차박'이라는 야외 캠핑 활동을 하며 쓰레기를 대량 배출하고 그대로 두고 가는 상황을 만들죠. 과연 이게 맞는 걸까? 의구심이 들 만큼 희한한 상황이죠.

교 과연 변화는 어떻게 시작되는 걸까요. 아직은 희망을 가져도 되는 거죠? 희망이라는 불씨가 꺼지지 않았기를 기도합니다.

김 저와 같은 환경에 관심이 많은 사람들은 인간에 의해 결국 코로나19도 발생했기 때문에 경각심을 갖는데 그렇지 않은 사람들에게는 대수롭지 않을 것입니다. 이 코로나19 상황이 우리가 변할 수 있는 최적의 기회인데 끝날 때까지 '그저 참자'라는 상황이 답답하고 안타까운 거죠. 유럽의 덴마크, 프랑스, 스웨덴 등 몇몇 나라는 식량 자급자족부터 에너지 자급자족을 말하며 기후 위기 극복을 위한 변화를 활발히 하고 있는데 온실가스 문제가 유럽만 변한다고 되는 게 아니니 걱정스럽습니다.

교 서울시교육청에 요청하고 싶은 것이나 우리 모두가 더 노력해야 할 부분에 대해 말씀해주세요. 그리고 향후 계획은 어떻게 되시나요?

김 교육감님 마스크에 1.5도라고 프린팅되었는데 기후 상황이 숨 가쁠 정도로 충분히 긴박하다는 사실을 잘 인지하고 계실 거라 생각해요. 하지만 리더가 인지하고 있다고 해서 혁신적인 변화가 어렵다는 것을 경험적으로 알고 있죠. 청소년들을 위해 시간이 얼마 남지 않은 기후 위기를 위해 총력을 다해서 힘써주셨으면 좋겠습니다. 앞으로 5년 안에 기후 위기에 대한 변화의 불씨가 보이지 않으면 정말 어렵다는 것을 알아주셨으면 합니다. 정말 마지막 기회임을 다시 한 번 강조드립니다.

교 그렇다면 방태령 학생의 향후 계획은 무엇인가요? 더불어 청소년들에게 기후 위기에 대한 메시지를 남겨주신다면?

방 학교에서 반드시 지구의 심각한 상황과 환경의 중요성에 대해 상세히 알려주는 수업이 활성화되었으면 좋겠습니다. 제가 다니던 당곡고등학교에서는 사회 문제에 관한 내용을 다루는 논술 수업이 굉장히 활발했습니다. 논술 수업임에도 불구하고 기후 위기에 관한 주제도 다뤘었죠. 수업 후 질의 시간을 갖고 문제 의식을 공유하긴 했지만 고등학교는 환경 문제에 많은 관심을 쏟기에는 입시로 인해 제대로 알기가 충분하지 않죠. 그러므로 교육 과정에서 기후 위기와 관련된 과목을 개설해 의무적으로 배울 수 있도록 했으면 좋겠습니다. 우리 모두에게 양심이라는 게 있듯이 모두가 한 번씩 기후 변화나 지구의 온도 상승에 대해 생각해봤을 겁니다. 그렇게 한 번이라도 생각해봤다면 당장 일상에서 실천할 수 있는 것부터 시작해 지구를 위한 작은 습관이라도 가졌으면 좋겠습니다.

교 좀 뜬금없는 질문 같지만 기후 위기에 대해 이야기할 때 북극곰이 자주 등장합니다. 그렇다면 위기를 겪고 있는 북극곰에게 한마디 해준다면?

방 한마디로 말하자면, 너무 미안하다.

김 저는 마지막으로 청소년들에게 한마디 전하고 싶은데요. 어른으로서 면목이 없다고 말해주고 싶습니다. 그리고 교육감님과 교육청에 말씀드린다면 지난 12월 서울시 초중고에 재학 중인 5천여 명의 학생들이 참여해 기후 위기 극복을 위한 2천 5백여 개의 탄소 중립 정책을 만들었습니다. 더 일찍 이 심각한 기후 위기 상황에 대해 알았으면 하고 후회하기보다 우리가 할 수 있는 일상적 실천부터 학교나 사회로 확장해야 합니다. 그리고 국가적 또는 정치적으로 대응해야 할 것들을 다방면으로 알아야 합니다. 이 위기에 대해 교육 현장에서 논하면 현장에서는 항상 몰랐다고 합니다. 물론 알고 있는데 바뀌지 않는 것도 문제입니다. 이 점이 우리가 분노하는 부분인 거죠. 학생들에게 분노의 시간을 줘야 합니다. 사실 기후 소송을 제안한 것도 분노의 시간이 필요하다는 생각에서였죠. 우리는 분노에서 더 나아가 실천하고 행동해야 해요. 그 어떤 이의 없이 우리 모두의 목적은 하나입니다. 탄소 배출량을 반드시 줄여 수치로 보여야 합니다. 탈탄소 사회를 앞당기기 위해서는 탄소배출이 수치적으로 줄어드는 것을 보여줘야 합니다. 생태 전환 교육도 정성적인 부분뿐만 아니라 정량적인 성과를 만들어 낼 수 있도록 노력해야 합니다.

배움은 랜선을 타고 세계로, 세계로

_ 박가현(중평중 교사), 신미경(배화여고 교사)

국제공동수업은 해외학교와 서울의 학교들이 화상회의 플랫폼에서 실시간으로 수업하며 다중문화 체험과 외국어 학습 기회를 확대하고 양국 교사가 가정, 학교와 지역사회 등 주변 환경과 문화 등 공통으로 이야기할 수 있는 주제를 함께 선정하여 수업하는 것. 국제공동수업을 통해 해외 초·중등 학령기 학생과 문화와 정서를 공유하면서 상호이해 증진을 통한 미래협력기반을 조성하여 상생과 공존의 국제협력시대를 열고 타문화에 대한 수용성 및 세계시민성을 함양. 특히 코로나 상황에 머물지 않고 우리의 축적된 역량과 경험을 바탕으로 세계시민들과 미래교육의 가능성을 모색. 이번에 만난 박가현 교사와 신미경 교사는 각각 중국과 일본의 학생들을 동아리 수업과 정규수업으로 만나서 온라인 국제협력수업을 의미 있게 진행하였음.

박가현(이하 '박') 안녕하세요. 저는 서울 중평중학교에 근무 중인 중국어 교사 박가현입니다. 한 해 동안 온라인으로 실시한 '온라인 국제협력수업'을 진행했습니다. 소수의 한국 학생들과 중국 학생들이 동시에 수업에 접속해 표현과 문화 등을 배우는 수업을 해왔습니다. 중국 학생들의 경우, '한국어'를 선택과목으로 정한 학생들이 참여했습니다. 수업은 같은 표현을 가지고 한국 학생들은 중국어로, 중국 학생들은 한국어로 배워 함께 연습하고 발표하는 방식으로 진행했습니다.

신미경(이하 '신') 안녕하세요, 반갑습니다. 저는 배화여자고등학교에서 '한문'을 가르치고 있는 교사 신미경이라고 합니다. 고등학교 2학년 한문 선택과목 학생들을 대상으로 국제협력수업을 진행했는데, 제가 한문 교과목 교사이지만 일본어가 가능하기 때문에 이 프로그램에 지원하게 되었습니다. 한중일은 한자 문화권이라는 공통점이 있기에 한문 수업 시간에 제2외국어가 한국어인 일본 학생들을 대상으로 우리나라 학생들과 함께 수업을 진행했습니다. 저희 학교 학생들 같은 경우에는 한문을 선택한 15명 학생을 대상으로 했는데, 처음에는 '한자'라는 것 자체를 고리타분하고 재미없는 것으로 인식하다가 일본 학생들과 한자의 표현 방법이나 소통 방법을 배우면 한자 문화권 친구들과 소통이 가능하다는 것을 실제로 체험한 뒤, 흥미를 갖는 모습을 관찰하게 되었습니다. 당시에 저는 일본어를 하고, 일본 학교 선생님은 한국어를 하셨는데 저희가 보조적인 도움을 주면서 아이들이 외국어를 하지 못해도 파파고를 이용해 한자를 쓰고 발음을 연습하며 굉장히 재밌게 참여했습니다.

교 이 프로그램이 도움이 되었다고 이야기해주시니 뿌듯합니다. 늘 학생들을 위해서, 그리고 선생님들을 위해서 고민하고 노력한 결과물임을 알아봐 주셔서 감사할 따름입니다. 그렇다면 국제협력수업을 언제부터 시작하셨습니까?

박 2021년 4월부터 한 학년만 진행했습니다.

신 저는 학교에서 국제교류 담당으로 18년 동안 근무하고 있습니다. 그래서 일본의 자매학교와 18년 동안 교류를 계속해오고 있어 업무 진행에 익숙한 편이었습니다. 서울시교육청에 국제협력수업이 있다는 것을 알고 있었고 이전에는 주로 제2외국어 담당 선생님들께서 업무를 맡아왔습니다. 제가 한문 과목을 담당하고 있지만 일본어를 할 수 있다는 점을 자세히 피력해 제2외국어 담당이 아님에도 기회를 갖게 되었습니다. 사실 요즘에 제2외국어가 담당이 아니어도 충분히 해당 과목을 잘 하시는 타 과목 선생님들도 많기 때문에 여타 과목 선생님들께도 폭넓은 기회를 마련해주셨으면 좋겠습니다.

교 정말 그렇겠네요. 무엇보다 수업이 어떻게 진행되었는지 궁금합니다. 코로나 시대인지라 비대면 수업이 익숙한 듯, 익숙하지 않은 듯 그랬을 텐데 말이지요.

박 저희는 중국 학생들의 정규수업 시간에 맞춰야 했기 때문에 방과 후에 진행이 가능해서 자율동아리로 모집했습니다. 아시다시피 한국 학생들은 방과 후에 학원도 많이 다니고 바쁘다 보니 6명 정도의 소수 학생으로 진행하게 되었습니다. 중국 학생들은 제2외국어로 한국어를 선택한 학생들을 대상으로 1학기에는 25명, 2학기에는 15명이 참여했습니다. 왜냐하면 중국은 9월에 새 학기가 시작하기 때문에 대상이 조금 상이했죠. 한국 학생들에 비해 3배 정도 많은 인원이 참여했습니다. 일주일에 1번 정도 월요일에 진행했습니다.

신 저희의 경우, 한국 학생들은 고2, 일본 학생들은 고3이었습니다. 일본 학생들은 제2외국어로 한국어를 이미 배우고 있었고 한국 학생들은 2시간 연강의 블록수업(80분 수업, 30분 휴식)에 진행했습니다. 화요일 10~12시 사이에 온라인, 오프라인 혼용 수업을 했는데 일본 학생들은 한 화면에 함께 수업을 받았고 한국 학생들은 15명 학생들 모두 개별적으로 줌을 이용해 PPT 및 다양한 프로그램을 활용하여 적극적으로 수업에 임했습니다.

교 글로벌 교육을 추구하는 목소리가 높아지고 있습니다. 그래서 이러한 국제협력수업을 포함해 다양한 연구가 진행되고 있고요. 그렇다면 입시 위주의 기존 대한민국 교육에서 탈피해 어떤 방식으로 변해야 할지 미래의 교육이 나아가야 할 방향에 대해 말씀해 주실 수 있을까요?

신 저희 학교의 경우에는 국제교류협력을 통해 굉장히 개방적인 방향으로 아이들을 이끌고 있습니다. 단·장기 유학생들을 이어주는 YFU Youth for Understanding 라는 국제 유학단체가 있는데 프랑스, 미국, 리투아니아 등의 나라 학생들이 1년 정도 교환학생으로 교류할 수 있도록 돕습니다. 그런데 특이한 점이 하나 있습니다. 학생의 한국어 수준에 따라 학년이 다르지만 그 나라에 돌아가면 바로 자기 학년으로 복귀가 가능합니다. 그런데 저희 학교 학생이 일본으로 유학을 가려면 일단 교육 과정이 맞지 않기 때문에 자퇴를 하고 갔다 오는, 1년이 유예되는 상황에 처합니다. 우리나라에서는 1년을 인정 못 받는 거죠. 그래서 이 프로그램이 활성화되려면 학기 인정제에 대한 개선이 필요하다고 생각합니다. 독일의 경우, 중3에서 고1로 올라갈 때 자기 진로나 진학에 대해 충분히 고민할 수 있는 시간을 가질 수 있도록 자유롭게 사용할 수 있는 1년의 시간을 주더라고요. 그리고 본국으로 돌아가서도 학년이 유지되기 때문에 큰 부담이 없다고 합니다. 이 부분이 개선된다면 아이들이 교류나 교환학생 프로그램에 굉장히 적극적일 것 같아요. 최소한의 필수 이수 과목만 고정이 된다면 아이들이 충분히 적극적으로 참여할 것 같습니다.

교 말씀해 주신 그러한 부분은 잘 체크해서 연구해 보도록 하겠습니다. 우리의 교육도 글로벌 눈높이에 맞춰야 한다는 사실에 적극 동감합니다. 그렇다면 이 수업을 진행하면서 양국의 선생님들과 학생들의 만족도에 대해 말씀 부탁드립니다.

박 서울시교육청의 자체 평가에 중국 측 선생님께서도 참여해주셨는데 그 자료에 근간하여 말씀드리겠습니다. 한국 학생들이 굉장히 생동감 있고 교실에서 배운 한국어가 아닌, 실생활에서 사용하는 생생한 한국어를 배우는 것이 굉장히 도움이 되고 만족스러웠다고 하더라고요. 그리고 저와 수월하게 소통할 수 있었던 점이 좋았고 중국 학생들이 실제로 한국을 방문하고 싶다고 했다고 합니다. 다음에도 한국어 수업을 선택하겠다고 할 정도로 만족도 높고 흥미로운 수업이었다고 이야기해 주서서 매우 뿌듯했습니다.

신 사실 학기가 시작되고 학생들이 선발된 후 운영이 이루어진 것이기에 학생들의 의사를 미리 물어볼 수가 없었습니다. 교사의 신청을 받고 교사 중심으로 아이들이 모이게 하는 시스템이었으니까요. 이 국제협력수업에 참여했던 15명 학생들이 동의하고 시작한 게 아니라 저의 일방적인 신청이 먼저 이루어진 것이죠. 한문반에 시간이 되는 아이들로 구성된 겁니다. 두 반 중 한 반의 학생들만 기회를 갖게 되었는데 당시에 아이들은 정말 아무것도 모르고 시작했죠. 하지만 막상 시작 후 활동을 해보니 굉장히 만족도가 높았습니다. 해를 거듭할수록 아이들과 교류하고 활동하는 데 있어서 호응이 점차 증가했습니다. 어느 정도 수업이 진행되자 아이들이 간단한 인사나 표현을 익힐 수 있었고 일본 학생들도 기회가 된다면 우리 학교와 자매결연을 맺고 싶다 할 정도로 굉장히 긍정적이고 만족스러운 반응을 보였습니다.

교 긍정적인 이야기를 해주시니 이 프로그램을 잘 운영했다는 생각이 다시금 듭니다. 선생님께서 생각하시기에 이 사업의 좋은 점과 아쉬운 점은 무엇일까요?

신 좋은 점은 아이들에게 비교적 해외 교류를 통한 학습과 문화 활동이라는 공평한 기회를 줄 수 있다는 점입니다. 서울의 어떤 학교는 방학마다 학급 전원이 해외여행을 한 경험이 있고 매해 해외에 방문할 정도로 해외 교류의 기회가 많습니다. 이와 반대로 해외 체류 경험이 전무하고 외국인조차 만난 적이 거의 없는 학생들도 있습니다. 그런데 이런 국제협력수업을 통해 어떤 나라이든 교류할 수 있는 기회가 주어진다면 해외 교류의 기회를 접하기 어려운 아이들에게 정말 좋은 기회가 될 거예요. 더 나아가 굳이 제2외국어 담당 선생님이 아니라도 국어, 체육, 미술 등의 다른 과목 선생님들이 외국어 능력만 있다면 해당 프로그램을 맡아 진행하신다면 굉장히 좋은 기회가 될 겁니다. 저는 한문 시간에 일본어를 했지만 국어 선생님도 함께 수업에 참여하셔서 우리나라의 아름다운 시나 소설 등을 소개하며 기존의 수업보다 조금 더 나아가 폭넓은 문화 교류 시간을 가졌으면 좋겠어요. 한국사 수업도 마찬가지죠. 역사 왜곡에 대해 아이들에게 교과서를 읽히는 방법으로 익히고 응수하는 틀에 박힌 방법으로 가르치는 게 아니라, 직접 보여주고 체감하게 하는 방식으로 접근했더니 효과가 더 좋더라고요. 일본 친구들에게 우리나라 교과서를 보여주고 양국의 교과를 비교하게 했더니 역사 사실을 다룬 분량 자체가 다른 점을 보고는 굉장히 놀라워하며 자신들이 배우는 역사가 전부가 아닐 수도 있다는 문제의식을 갖기도 했습니다. 외국어가 가능하면 이렇게 다른 과목까지도 광범위하게 문화 교류가 가능하다는 것이 정말 이 교육의 최대 강점인 것 같아요.

박 이 프로그램의 장점은 서울시에서 강조하는 '세계시민역량 증진'이라는 교육 목표에 큰 효용이 있었던 것 같습니다. 요즘 어른들이 아이들에 대해 크게 걱정하는 부분이 사회성이 부족하고 상대와의 소통에 어려움이 있다는 점입니다. 그런데 이 프로그램을 통해 함께 참여한 친구들과 서로 협력하고 배려하며 상대국 학생들과 원활히 소통하는 방법을 굉장히 자연스레 습득하게 된 것 같아요. 물론 저희 교사들과의 커뮤니케이션에 있어서도 열심히 호응해주었고요. 이러한 모든 과정 덕분에 아이들의 의사소통 능력이 향상된 것이 확연하게 느껴졌습니다. 그래서 정말 필요한 수업임을 느꼈습니다. 그다음으로 꼽을 수 있는 장점은 행정적인 측면에서 분명한 가이드라인을 제시해줘 업무가 수월하게 진행되었다는 점입니다. 저는 이런 교육청 프로그램에 처음 참여해 매우 막연했는데 교육청에서 자세하게 안내해주어 좋았습니다. 또한 대학생 튜터와 같은 행정적 지원을 해주시고 교사가 수업에만 전념할 수 있도록 다방면에서 구체적으로 지원해주신 점이 인상 깊었습니다. 그리고 굳이 아쉬운 점을 들자면, 저희 아이들 같은 경우에는 자율 동아리 활동으로만 참여한 거라 아이들이 적극적으로 활동한 점에 대해 생활기록부에 상세히 적어주지 못해 너무 아쉬웠습니다. 생활기록부에 아이들의 활동을 더 상세히 적을 수 있도록 개선되었으면 좋겠어요. 그리고 나중에 코로나 상황이 나아지면 아이들이 상대국에 직접 방문하고 서로 교류할 수 있는 여건이 잘 마련되었으면 좋겠습니다.

교 제가 기대했던 '온라인 국제협력수업, 국제공동수업'의 효과를 뛰어넘는 이야기들을 해주셔서 정말 고맙습니다. 코로나19로 국제공동수업의 가능성을 더욱 확인하고 있는데 선생님들의 사례가 정말 큰 도움이 됩니다. 마지막으로, 교육청이나 저에게 당부하시고 싶은 점이 있을까요?

신 제 친구들이 각 지역에 다양한 과목의 교사로 활동하고 있습니다. 친구들 이야기를 들어보면 서울시가 국제협력이나 글로벌, 세계시민, 다문화사업 등 굉장히 많은 프로그램을 하고 있는데 이러한 사업들이 너무 서울시에만 편중된 것이 아닌가 하는 우려의 목소리를 보내더라고요. 그래서 이러한 유용하고 다양한 사업들이 지방에도 확대될 수 있는 구체적인 정책이 마련되었으면 좋겠습니다. 서울시교육청과 교육감님이 적극적으로 나서서 지금 서울에서 하고 있는 좋은 사업이 지방 교육청까지 확대되도록 좋은 멘토 역할을 해주시면 어떨까 싶어요. 사실 저희가 교류하고 있는 일본 지역의 학교들은 대도시가 아니라 지방 학교거든요. 그런데 우리나라 지방에 있는 학교는 교사가 적극적으로 나서지 않으면 외국 아이들과의 교류가 거의 전무하다고 하더라고요. 그리고 상황과 시기에 따라 교류를 하기 때문에 중간에 끊기기도 해서 서울의 학교와 달리 지속적으로 관계를 맺기가 어렵다고 합니다. 그러니 다양한 프로그램을 서울시에만 한정적으로 추진하는 게 아니라 각 지역청과의 적극적인 협력을 통해 지방에 있는 아이들에게도 고른 기회가 갈 수 있도록 좋은 영향력을 끼쳐줬으면 합니다.

박 2021년 연초에 제2외국어 교육 역량 강화 공문을 보고 굉장히 기뻤던 적이 있습니다. 서울시교육청이 제2외국어 교육에 대한 중요성을 인지하고 노력하고 있구나 하는 점이 정말 반갑더라고요. 그런데 고등학교 과정에서 제2외국어 교육이 축소되어 아이들에게 제2외국어를 학습할 기회가 줄어들까 걱정입니다. 새로 변경되는 교육제도인 고교학점제를 하면서 제2외국어가 다른 교양과목과 섞이거나 학교 재량으로 변경된다고 하더라고요. 그러면 아이들은 선택할 과목도 많아지고 아무래도 입시에서 덜 중요한 제2외국어를 자연스레 멀리할 거예요. 그래서 정책적으로 제2외국어의 중요성을 알리고 학습 시간을 보장할 수 있는 뒷받침되는 제도가 마련되면 좋을 것 같습니다. 그렇게 되면 아이들이 중학교 때 쌓아온 외국어 학습을 고등학교에서도 계속 이어나갈 수 있고 대학에 가서 외국에 나가게 되면 그동안 쌓아온 역량을 충분히 발휘할 수 있지 않을까 생각됩니다.

신 정말 크게 동의해요. 선택과목이 중국어, 프랑스어, 정보, 논술이 함께 있습니다. 이 중 정보와 논술은 시험을 보는 게 아니고 중국어와 프랑스어는 시험을 봅니다. 아무래도 아이들은 시험을 보는 외국어 과목에 대해 더 부담을 느끼고 기피하죠. 저도 그렇지만 나중을 생각해보면 고등학교 때 배웠던 외국어가 굉장히 오래 기억에 남고 일상생활에서도 도움이 되잖아요. 입시제도 때문에 망설이는 게 정말 안타깝죠.

슬기로운 농촌생활, 더 슬기로운 농촌유학

_ 이하정(학부모)

농산어촌유학은 장기화되는 코로나19 시기에 학생들이 도시와 차별화된 생태환경 속에서 일상의 경험을 통하여 생태문명을 익히고, 농촌살이를 통해 생태소양과 공동체 의식을 함양하기 위해 2021학년도 처음으로 전남교육청과 협약을 맺고 '흙을 밟는 도시아이들 농산어촌유학'이라는 이름으로 진행한 정책. 학기별로 유학생을 모집하고 있는데 매 학기 참여 학생이 늘어나고 BBC에서는 코로나 시기 세계가 주목하는 교육정책으로 서울시교육청의 농산어촌유학을 꼽을 만큼 의미 있는 프로그램. 이번에 만난 농촌유학 1기 이하정 님은 순천월등초등학교에 다니게 된 박선우, 박세은 학생의 엄마로 농촌유학의 일상을 《슬기로운 농촌유학》이라는 책에 담았음.

이하정(이하 '이')   안녕하세요. 저는 서울에 거주하다가 2020년 농촌 유학 1기로 순천 월등초등학교에 다니게 된 박선우, 박세은 학생의 엄마 이하정입니다.

교   안녕하세요. 농촌 유학에 대한 현장의 리얼 스토리가 너무 궁금했는데 이렇게 인터뷰를 하게 되어 영광입니다. 신청하신 계기부터 하나하나 차분히 들어보고 싶네요.

이   제가 원래부터 평소에 자연주의 교육에 관심이 많았기에 아이들 모두를 '숲 유치원'에 보내기도 했습니다. 저는 아이들이 책상에 가만히 앉아서 공부하기보다 자연 속에서 자유롭게 뛰어놀고 다양한 체험을 하는 게 더 소중한 경험이라 생각해왔습니다. 아시다시피 2020년 초반부터 코로나 시국에 '사회적 거리두기' 정책으로 인해 아이들이 오프라인 등교를 거의 못 했었잖아요. 아마 5월 말 혹은 6월 초에 처음 등교가 가능했던 것으로 알아요. 특히 초등학교 1학년 둘째 아이는 입학하지도 못하고 온종일 집 안에만 있는 상황이었죠. 밖에 나가지 못하고 집에 있는 것 자체도 힘들지만 집 안에서 오랜 시간 디지털 영상기기를 사용하게 되는 게 굉장히 우려스럽더라고요. 저의 경우에는 디지털 기기를 일찍 접하게 하고 싶지 않아서 5학년인 큰아이는 여전히 휴대폰이 없어요. 유튜브와 같은 영상매체를 거의 보여준 적이 없는데 어쩔 수 없이 온라인 수업을 해야 하는 상황이 닥쳤기 때문에 영상기기를 장만하게 되었죠. 그런데 온라인 수업이 끝나고도 영상기기를 이용해 계속 유튜브 영상을 보거나 게임을 하며 놀더라고요. 아이들이 다양한 활동을 하면서 제대로 뛰어놀지도 못하고 계속 영상기기에 매달리고 노출되는 상황에 처하니 너무 속상하더라고요. 이렇게 한동안 속상하던 차에 학교 전자공문으로 농촌 유학 신청을 받는다는 것을 알게 되었습니다. 그래서 공문을 보고 신청하게 되었죠. 저희가 1기이다 보니깐 공문을 아는 사람만 신청하게 되어서 운 좋게 합격하여 순천으로 내려오게 되었습니다.

교 그렇군요. 그런데 농촌 유학을 연장하신 것으로 알고 있어요. 이유가 무엇일까요? 특별히 좋았던 점이 있었을 것 같은데….

이 저는 2번 연장했습니다. 처음에 연장해서 2학기까지 지내다가 2022년에 또 연장했어요. 가장 큰 이유는 아이들이 굉장히 좋아하고 행복해서입니다. 집 바로 앞에 개울이 있는데 아이들이 1년 내내 놀 만큼 너무 즐겁고 행복한 시간을 보냈습니다. 저희가 작년 2월 말에 처음 순천에 내려왔는데 아이들이 내려오자마자 개울에 내려가서 개구리를 관찰하며 신나게 놀더라고요. 개구리랑 한참 놀다가 올챙이가 나오면 올챙이랑 놀고 여름에는 물놀이를 했죠. 그리고 겨울에는 개울이 얼자마자 스케이트도 타고 얼음 깨기도 하고 놀면서 겨울을 마음껏 즐기더라고요. 개울에서 1년 내내 다양한 활동을 하며 정말 행복하게 보냈습니다. 아이들은 개울을 두고 절대 서울로 가고 싶지 않다고 할 정도로 개울에서 노는 것을 정말 사랑하고 행복해합니다. (하하)

교 ▍ 혹시 서울 집은 아예 비워두고 오신 건가요? 남편분의 직장 문제도 있었을 것 같은데요.

이 ▍ 아뇨. 아이들 아버지가 회사를 다니면서 거주 중입니다. 남편 직장이 서울이라 아예 이주가 불가능했어요. 미안할 따름이죠.

교 ▍ 어이쿠, 안타까운 상황이 펼쳐졌네요. (하하) 1년 정도 농촌 유학 생활을 하셨는데 직접 느끼시기에 서울과 농촌 생활의 차이점이 뭐라 생각하시나요?

이 ▍ 일단 아이들이 자연에서 마음껏 놀 수 있는 게 가장 큰 차이죠. 사실 서울에서는 자연을 쉽게 접하기 어렵잖아요. 저희 가족이 머무는 곳에서는 과일 농사를 주로 짓는데 봄에는 매실부터 복숭아, 가을에는 감, 사과, 밤 등 굉장히 다양한 과일이 많이 있어요. 서울에서 살 때는 아이들이 과일과 채소는 마트에서나 보는 농산물로만 느꼈는데 이곳에서 살게 되면서 꽃을

피우고 열매를 맺고 과실이 탄생하기까지의 과정을 보게 된 후, 굉장히 신기해하고 좋아하더라고요. 과일이 그냥 바로 생기는 게 아니라 여러 과정을 거쳐 생겨난다는 것을 몸소 체험하게 된 거죠. 그리고 시골이다 보니 채소와 과일을 돈 주고 사 먹은 적이 없을 정도로 마을 분들 인심이 굉장히 좋은 점도 있습니다. (하하)

교 아이들 입장에서는 굉장히 긍정적인 이야기를 많이 해주셨는데 부모님 입장에서는 어땠나요. 사실 앞에서 이야기해주셨다시피 남편분의 경우는 서울 집에 계시잖아요. 또한 아이들 진학 문제도 있을 거구요. 상황적으로 쉽지 않았을 것 같아요.

이 저도 지금 조금 고민이 되는 부분이 있습니다. 큰아이는 초등학교 4학년까지 서울에서 거주했는데 당시에 친구들을 두고 농촌으로 오는 것을 굉장히 걱정했었습니다. 하지만 둘째 아이는 학교를 다녀본 적이 없기 때문에 친구가 거의 없었죠. 오히려 농촌에 와서 친구가 생겼기 때문에 현재 학교생활에 만족도가 굉장히 높습니다. 그래서 아빠에게 여기서 계속 살고 싶다고 조르지만 남편 직장이 서울이고 생활 터전도 서울이기 때문에 현실적으로 당장 내려오는 것은 어렵죠. 그래서 일단은 3학기를 연장했고 지내보다가 거취를 선택하려고 합니다. 2년까지는 여기서 지내도 괜찮지 않을까 생각합니다. 큰아이가 현재 6학년인데 사실 제가 아이의 학업을 최우선 순위로 여기는 편이 아니라 여기에서 중학교를 다니는 것에 긍정적인 마음을 갖고 있습니다. 하지만 아이들과 아이 아빠가 오랜 시간 떨어져 지내는 것이 과연 정서적으로 옳을까 우려되는 것도 사실입니다. 그래서 기간을 최장 2년까지로 염두에 두고 있습니다.

교 아이들이 농촌 지역 학교에 친구들이 많지 않아 속상해하지는 않나요?

이 아뇨. 농촌 유학 신청자 아이들이 함께 있습니다. 사실 지역마다 조금씩 다르지만 농촌 유학의 형태가 3가지가 있어요. 가족체류형, 홈스테이형, 지역센터형이 있습니다. 현재 가장 많은 유형은 가족체류형입니다. 모집 당시에는 대부분 농가에 아이만 머무는 홈스테이 형태의 모집이 많았고 15가구 정도만 가족체류형으로 모집했었는데, 막상 신청을 받아보니 가족체류형 신청자가 훨씬 많았습니다. 그래서 전라남도 지자체에서 코로나 상황으로 인해 장사를 하지 않는 민박이나 펜션 등을 활용해 기존 모집 수보다 더 많은 인원을 수용하도록 도움을 주셨습니다. 그래서 2기부터는 가족체류형 모집 수를 더 늘려 모집하게 되었죠. 기존에 마을 안에 있는 집을 활용하다 보니깐 마을 한 곳당 한 가정이 머물게 되기 때문에 일부 가족체류형 지원자들은 저희와 같은 농촌유학생들과 동떨어져 마을 주민분들하고만 어울리게 되는 상황에 처합니다. 하지만 제가 있는 곳은 아예 농촌유학생들을 위해 작은 철제 집을 지어주셔서 한 마을에 모여 있습니다. 그래서 마을 안에 현지 아이는 초등학생 1명, 유치원생 1명 정도뿐이고 다수의 농촌유학생 아이들과 현지 아이들 모두가 구분 없이 함께 어울려 놉니다.

교 생활하시면서 서울에서 겪어보지 못한 재밌는 에피소드가 있을 듯한데요.

이 제가 있는 곳이 순천시인데 도농통합도시입니다. 순천시 월등면에 있는데 시내까지 차로 20~30분 정도밖에 걸리지 않아서 접근성이 좋아 큰 어려움은 없었습니다. 다만 들은 바에 의하면 신안군에 머무시는 분은 차로 1시간여를 가야 마트가 나올 정도로 접근성이 떨어진다고 하더라고요. 하지만 순천은 전남 동북권 한가운데 위치해 접근성이 굉장히 좋은 편이라 동서남북 어디든 가기가 편합니다. 그래서 아이들과 주말에 당일치기로 경상도로 여행을 다녀올 정도였고 아이들이 쉽게 여행을 많이 다닐 수 있어 굉장히 만족스럽습니다. 그리고 이 지역이 과일 농사를 짓기 때문에 봄에 일손이 많이 부족해 농촌 유학 지원자 어머니들과 함께 농촌 일손 돕기를 몸소 체험할 수 있어서 매우 보람차고 재밌었던 것 같아요. 서울에서는 절대 해볼 수 없는 매실 따기, 복숭아 꽃 따기, 열매 솎기, 봉지 씌우기 작업 등을 직접 해볼 수 있어서 정말 좋았던 것 같습니다.

교 농촌 유학 생활에 대한 책을 펴내신 걸로 아는데요.

이 서울시교육청에서 파견한 농촌 유학 담당 선생님의 역할이 컸습니다. 1년간의 농촌 유학 업무 후, 올해는 학교로 복귀하신다고 들었어요. 그 선생님께서 2월 학부모와 학생들 대상으로 오리엔테이션을 해주셨는데 선생님 아이들이 여행하면서 썼던 일기나 기록물을 보여주시며 농촌 유학을 하는 동안 아이들이 기록을 남겼으면 좋겠다고 말씀해주셨어요. 저도 그 의견에 공감해 아이들이 농촌에서 지내는 시간을 의미 있게 보내도록 아이들에게 형식에 얽매이지 않고 자유롭게 기록하는 것을 제안했습니다. 아이들을 위해 노트를 준비해, 쓰고 싶을 때 만화나 시, 그림 등 어떤 형식으로든 표현하면 된다고 했죠. 저 또한 사진으로 마을 변화나 아이들 경험을 기록했는데 사진이 너무 많고 정리가 되지 않아서 글도 함께 쓰기로 했습니다. 하지만 제가 글쓰기를 배운 적도, 써본 경험도 없어서 처음에는 너무 막연하게 느껴졌어요. 그러던 차에 순천도서관 홈페이지에서 '누구나 책 쓰는 시민작가 도시'라는 슬로건을 발견했죠. 도서관에서 다양한 프로그램을 진행하더라고요. '가족 글쓰기'라는 프로그램이 있었는데 이 프로그램을 통해 기록을 남기면 좋겠다 싶어 선택하게 되었죠. 그런데 저희 가족 빼고 참여자 대다수가 부부라 참여를 못 하게 될까 걱정했는데 다행히 아무런 거리낌 없이 받아주셨습니다. 그래서 그때부터 농촌 유학 생활에 대한 글쓰기를 시작했고 아이들과 저

모두 글쓰기 작업에 참여했죠. 2학년 아이는 나이가 어려 1편을 쓰고 나머지는 일기를 첨부해서 채웠어요. 큰아이는 5편 정도 쓰고 마찬가지로 일기로 채웠습니다. 그리고 남은 부분은 제가 모두 썼고요. 사실 저희 생활을 기록해 잊지 않으려고 시작한 건데 이렇게 책으로까지 나오리라고는 전혀 기대하지 않았던 부분입니다. 도서관에서 책으로 엮어줬는데 20권 중 10권은 도서관에 배치되고 나머지 10권은 저희가 갖게 되었습니다. 정말 신기하고 행복했죠. 저희가 농촌 유학 프로그램을 통해 이렇게 책도 쓸 수 있었으니 말이지요. 이후 여차여차해 정식 출판으로 이어졌고요. 아직도 이런 경험을 하게 된 게 아직도 믿기지 않네요.

교 서울에 있는 가정에 농촌 유학을 권유하게 된다면 학부모님들께 어떤 장점 때문에 권할 수 있을까요?

이 사실 요즘 같은 코로나 시국에 온라인 수업으로 인한 아이들의 학력 저하가 가장 큰 문제잖아요. 그래서 제일 큰 장점은 워낙 학생 수가 적기 때문에 100% 대면 수업이 가능하다는 점이죠. 아직까지 이곳에는 코로나 확진자도 없었고 학교 수업이 온라인으로 전환된 적도 없습니다. 한 반에 학생 수가 최소 3명에서 최대 10명으로 수용인원이 굉장히 적어 선생님들의 집중적인 관리가 가능하다는 장점도 있습니다. 게다가 학교 자체 프로그램도 굉장히 다양해요. 서울이나 순천 시내는 방과 후 프로그램을 사비를 들여 진행하는 걸로 아는데 우리 아이들은 방과 후 수업에서 일주일에 9과목을 배우는데 모두 무료입니다. 현장학습 같은 경우에도 서울은 코로나로 인해 거의 못 가는 것으로 알고 있습니다. 하지만 이곳에서는 현장학습을 한 달에 1~2회 정도 실시하고 있어요. 서울에서는 누릴 수 없는 경험을 할 수 있고 온전한 대면 수업이 가능하다는 점에서 아이들에게 더할 나위 없이 좋은 조건이 아닌가 싶어요. 무엇보다 가장 중요한 건 아이들이 직접 흙을 만지고 개울에서 뛰어놀며 자연 친화적인 교육이 가능한 부분입니다. 아이들이 11월쯤 한 달 정도 개울에서 놀지 못했던 적이 있는데 그때 학교에서 체험학습으로 떡 만드는 체험을 하고 왔어요. 그런데 그 경험이 굉장히 인상 깊고 재밌었던지 집 앞마당에서 황토와 물을 섞은 반죽으로 흙 놀이를 하며 자기들끼리 정말 재미있게 보내더라고요. 흙을 직접 만지고 자연 안에서 뛰어노는 것만큼 아이들에게 좋은 것이 어디 있을까요.

교 그렇다면 이런 프로그램을 기획한 서울시교육청에 한 말씀 부탁드립니다.

이 이 프로그램이 서울시교육청과 전라남도 교육청의 협업으로 진행된 것으로 알고 있습니다. 코로나 상황으로 인해 시작한 것은 아니지만 공교롭게 이 시국에서 이 프로그램을 통해 큰 수혜를 누리게 되어 정말 감사합니다. 교육감님이나 교육계

관계자들 모두가 아이들이 자연에서 흙을 직접 밟고 자연 속에서 직접 뛰어노는 교육의 중요성을 인지하고 계신 것 같아요. 농촌 유학의 캐치프레이즈가 '흙을 밟는 도시의 아이들'입니다. 우리 아이들이 책상에 가만히 앉아 공부만 하는 것이 전부가 아니라 자연 속에서 생태 감수성과 창의력 증진을 키우는 것이 더 중요한 교육의 목표라는 것을 인지하고 이런 프로그램을 만들어주신 것에 정말 다시 한 번 감사드립니다. 그리고 서울에서뿐만 아니라 서울 이외 다른 도시들도 참여했으면 좋겠고 체험지 또한 전남 지역 외 다양한 지역으로 확대되어 이 프로그램이 지금보다 더 성행했으면 좋겠습니다.

교 홀로 많이 외로우실 테지만 가족을 위해 애쓰고 계시는 남편 분께도 한마디 부탁드립니다.

이 굉장히 미안하죠. 아이들이 매우 좋아해서 미안한 마음으로 3학기째 연장했는데 저희가 쓴 책을 보고 본인이 먼저 제안해줬어요. 혼자 생활하는데 외롭고 힘들 텐데 아이들을 위해 희생해주셔서 정말 감사해요.

부록

교육감의 목소리

1 _____

보편적 교육복지의 확대를 넘어 맞춤형 교육복지시대로

지난 10여 년의 시기를 '혁신교육 1.0 시대'라고 할 때, 그 핵심 가치 지향을 '혁신(낡은 교육의 혁신)'과 '무상(무상교육복지 확대)'이라고 할 수 있을 것입니다. 이때 '혁신'이 일등만을 위한 교육이 아니라 '한 사람 한 사람을 위한 교실과 학교 교육'을 실현하고자 하는 노력이었다면, '무상'은 교육 영역에서만큼은 모두에게 평등한 교육이 주어져야 한다는 이상을 담고 있습니다.

여기서 무상 교육복지의 확대 과정을 돌아본다면, 그 과정은 결코 순탄한 과정은 아니었습니다. 보편적 무상복지 확대의 전환점은 아무래도 2011년 서울의 초·중·고 무상급식 실시를 둘러싼 갈등이었습니다. 당시 곽노현 교육감의 추진 노력에 대해 오세훈 시장이 반대하고 이를 주민투표에 붙인 사건입니다. 무상급식을 막기 위한 반대 주민투표가 자충수가 되어 오 시장이 사퇴하는 진통을 겪으면서 오히려 보편적 무상복지는 확대되어 왔습니다. 2019년부터는 고교에서도 등록금을 내지 않는 무상교육이 문재인 정부의 정책에 의해 실현되었습니다. 또한 2019년부터 제가 서울에서 고교에까지 무상급식을 확대하였고, 2022년부터는 유치원 무상급식도 시작됩니다. 무상교육복지는 최근에는 저소득층 학생들의 체험학습비, 수학여행비까지 지급하는 것으로 확대되었습니다. 2021년부터는 중·고 신입생에게 입학준비금이 30만 원씩 지급되었고, 2022년에는 초등 신입생에게도 20만 원의 입학준비금이 지원됩니다. 최근에 저는 ('기초학력 사회책임제'라는 이름으로) 교육복지가 단지 재정적 지원을 넘어, 기초학력을 공교육에서 책임 있게 대응해주는 학습복지에까지 확대되어야 한다고 생각합니다. 그동안 '무상'이 무상급식을 대표적으로 표현하는 것이었다면 이제는 기초학력에 대해 교육청을 포함한 국가 책임을 실현하는 것으로 확대되어야 할 것입니다. 특히, 예기치 않게 찾아온 코로나 상황은 교육 격차, 학습 중간층의 붕괴, 학습 결손, 기초학력 부진 등의 문제를 악화시킴으로써 우리 교육에 난제가 되고 있습니다.

그런데, 여전히 보편적 무상교육복지의 확대를 통해 공교육 과정에서 부모의 경제력에 의해 교육이 영향받는 범위를 줄여가야 하지만, 동시에 우리는 새로운 전환점에 서 있습니다. 저는 이를 '보편적 교육복지 시즌Ⅱ'라 하고 싶습니다. '보편적 교육복지 시즌Ⅰ'이 '표준적' 보편 복지를 지향했다면, 이제는 '탈 표준화된' 보편 복지 시대를 열어야 합니다. 즉 동일한 무상교육복지를 모든 학생에게 동일하게 제공하는 것이었다고 한다면, 이제는 개개인의 상황과 요구의 차이를 고려한 맞춤형 교육복지 시대로 가야 합니다. 무상급식이 교육복지의 '보편화'를 위한 노력이었다고 한다면, 학생 개개인의 다양한 어려움에 개별 맞춤형으로 지원하는 맞춤형 복지 시대를 열어야 하는 것입니다. 그냥 급식 제공 등 보편적 복지 아이템을 제공하는 방식을 넘어, 아이 하나하나의 결핍 지점과 지원 지점을 세심하게 파악하고, 그것에 맞춤형으로 지원하는 노력이 필요합니다. 예컨대 학교, 마을의 협력을 더욱 심화해야 합니다. 학교 중심의 교육복지에서 학교, 가정, 마을이 함께하는 '3품 교육복지공동체'를 실현함으로써 교육수요자의 사각지대를 촘촘히 채우는 통합적이고 종합적인 시스템을 구축하는 것입니다. 이는 학교 중심의 교육복지와 지역사회 등에서 이뤄지는 다양한 사회복지, 그리고 저소득층 가정을 위한 가족복지 등을 연결시킨 공급자 중심이 아닌 '수요자 중심의 총체적이고 입체적인 복지 시스템'의 구축을 의미합니다. 물론 이것을 어떻게 실현할 것인가가 과제입니다. 우리는 미지의 길을 개척해야 합니다.

우리가 교육후견인제도를 도입한 것도 하나의 실험이 될 것입니다. 교육후견인은 2021년부터 서울시교육청에서 시도하고 있는데, "학생, 담임선생님, 학부모 사이에서 교육복지 및 지자체 복지의 빈틈이 무엇인지를 파악하고 학교와 마을의 다양한 지원 프로그램을 연결하면서 아이에 대한 사회적 보호자의 역할을 하는 자원봉사자"를 의미합니다. 2021년에 92명의 교육후견인이 선발되어 소정의 연수를 거쳐 활동하고 있습니다. 퇴임 교원에서부터 다양한 퇴직자들, 마을의 활동가, 아이들에게 관심을 갖는 마을 어른들로 구성되어 있습니다.

나아가 어려운 학생들을 위한 다양한 기관의 교육복지 지원 프로그램들을 통합적으로 운영하는 것이 필요할 것입니다. 우리 사회가 발전하면서 다양한 기관에서 저소득층 아이들의 재정적 어려움, 심리적 정서적 결핍 등을 보살피면서 온전하게 성장하도록 지원하는 노력을 하고 있습니다. 예컨대 중앙정부 수준에서 교육부, 여성가족부, 문체부 등에서도 지원 프로그램이 있고, 지자체 수준에서 교육청은 물론, 광역지자체(시도), 기초지자체(구청, 시군 등)에서도 다양한 프로그램이 있습니다. 월드비전, 굿네이버스 등 민간기관에서도 다양한 지원 프로그램을 운영합니다. 그런데 이것들이 온전히 유기적으로 연결되어 최적의 조합으로 아이들에게 제공되고 있지는 않습니다. 그래서 우리는 새롭게 여러 기관들이 상호협력하는 '협치형 통합교육복지' 시대를 열기 위한 노력을 경주해야 할 것입니다.

2

코로나와 싸우며
비대면 원격수업의 새로운 길을 개척

 코로나의 위기 속에서 진행된 지난 2년여간의 교육을 돌아보게 됩니다. 주지하다시피 코로나19라고 하는 전무후무한 전염병의 위기 속에서 대한민국과 인류는 새로운 길을 걸었습니다. 엄청난 전염성을 가지는 이 바이러스를 극복하기 위하여 전염병 위기 수준이 심각 단계로 격상되던 2020년 2월부터, 만남과 관계를 중심으로 이루어지는 인간 공동체의 사회적 삶 자체를 뒤로하고 개인과 개인 간에는 '사회적 거리두기'를 하고 다중밀집 집회를 금지하는 방역 대책을 시행하였습니다.

 이러한 조치의 일환으로, 초유의 개학 연기 대책이 2020년 신학기에 실시되었습니다. 그런데, 코로나 위기가 심각 단계로 지속되고, 강력한 '사회적 거리두기' 방역 대책이 시행되는 초기에는 개학 연기 정책을 취하였지만, 언제까지나 학교를 닫을 수는 없었습니다. 계속되는 코로나 위기에도 불구하고 배움의 끈을 이어가기 위하여 2020년 4월 9일부터 단계적인 온라인 개학을 통해 원격수업이라는 새로운 길을 개척하기 시작했습니다. 서울의 95만 명의 학생들을 포함하여 전국 590만 명이 넘는 학생들이 각급 학교의 방식에 따라 전면적인 원격수업을 시작했습니다.

2020년 5월 6일을 기점으로 '생활 속 거리두기'로 전환됨에 따라, 유·초·중·고·특수학교 및 각종 학교의 단계적·순차적 등교 개학 방침을 발표하고, '등교수업+원격수업'을 병행하는 혼합형 수업의 길로 전환하였습니다. '방역과 생활, 방역과 배움, 학업과 건강을 조화시키는 새로운 길'을 시작하게 된 것입니다.

지난 10~20년 동안, 이러닝, 스마트 러닝, 블렌디드 러닝blended learning, 인터넷 강의 등 다양한 이름으로 불리며 시범학교의 선도적 교사를 중심으로 진행되던 원격수업이 코로나 위기를 계기로 전 학생, 전 학교에서 이루어지게 된 것입니다. 이러한 전면적인 원격수업 도입은 그동안은 거의 불가능에 가까운 일이었습니다. 코로나의 '위기'가 이런 점에서는 '기회'인 것도 사실입니다. 어떤 의미에서 미래가 너무 빨리 우리 곁으로 자리 잡았는지도 모릅니다. 당시 준비기간이 2주 정도로 짧았지만, 그런 짧은 준비기간에도 원격수업이 안정된 길로 들어선 것은 선생님들의 새로운 헌신이 있었기에 가능했습니다.

코로나로 고통받는 이 시기에 많은 분들은 코로나가 빨리 끝나고 '코로나 이전'으로 돌아가기를 소망합니다. 그러나 우리는 새로운 교육 시대로 이행했다고 생각해야 할 것입니다. 즉 수천 년 동안의 교육 방법론이었던 대면수업 이외에, 이제 비대면 원격수업 방법론을 새롭게 갖게 된 것입니다. 그래서 이른바 혼합형 교육blended learning의 시대가 열린 것입니다. 세계의 많은 석학과 전문가들은 코로나 이전과 코로나 이후의 교육이 질적으로 달라질 것으로 전망하고 있고, 미래 교육이 본격적으로 시작되는 계기가 되었다고 이야기합니다. 미래 교육으로 나아가기 위해, 수업에서 비대면 교육의 다양한 방법론(예컨대 콘텐츠 활용형 수업의 최대 강점인 예습·복습 기능을 더 많은 학생이 활용하는 등)을 개발하고 이를 통해 학생 개개인에 대한 맞춤형 교육이 가능하도록 대면 교육과 비대면 교육이 결합하도록 지원해야 합니다.

이러한 혼합형 교육은 교과 교육 분야 적용에만 국한되지 않습니다. 예를 들어 비대면 방법론으로 아이들의 정서·심리 지원을 과거보다 어떻게 더 잘할지 고민할 수 있습니다. 기초학력 보장도 중요한 영역입니다. 그동안 기초학력 보장을 위해 학생들과 만나려 해도 학생들과의 접촉면을 만들기가 어려웠습니다. 도움이 필요한 학생이 자신의 신분이 노출될 수 있는 환경을 꺼렸기 때문이기도 합니다. 이 경우에도 학생 신분 노출 위험이 적은 비대면 원격수업 환경에서 학생의 자발성을 끌어낼 수 있을 것입니다. 이렇게 되면, 교과 및 비교과 수업은 물론이고, 생활교육·상담·동아리 활동·학교폭력 관리·학부모와의 소통 등 모든 영역에서 비대면 방식은 대면 방식을 보완하는 역할로서 적극 결합 활용될 것입니다.

저는 이처럼 비대면 방법론이 우리 곁에 정착한 이후에, 대면 수업과 비대면 원격수업의 병행에 대응하여, 이를 지원하는 행정과 교육 서비스도 투트랙 교육행정, 투트랙 교육 서비스가 필요하다고 말합니다. 블렌디드의 노력이 교육행정에도 적용되어야 한다는 것입니다. 학교 현장과 교육청에서 이루어지는 다양한 교육 서비스와 교육행정에서도 비대면 방법론을 풍부화하여 적용함으로 투트랙 교육 서비스와 투트랙 교육행정으로 나아가야 합니다.

원격수업의 장점에 대해 많은 학생들은 반복 학습이 가능하고 교실에서만큼 용기를 내지 않아도 질문하거나 참여할 수 있다고 얘기합니다. 공부에 열심인 학생은 소란한 교실에서보다 집중할 수 있다는 것을 장점으로 들기도 합니다. 선생님들은 대면수업보다 피드백을 쉽고 빠르게 할 수 있고 개별적 피드백도 더 쉽게 줄 수 있다는 것을 이야기합니다.

비대면 원격수업, 혹은 더 넓은 의미의 비대면(언택트) 방법론은 우리에게 물리적 거리의 제한을 상당 부분 풀어줄 수 있습니다. 물리적 거리의 제한을 넘어, 지역적 원거리를 뛰어넘어 더 많은 친구와 소통하면서 공부할 수 있는 환경을 만들어내게 될 것이고, 이런 장점을 적극 활용하게 될 것입니다. 예컨대 해외와의 자매결연학교를 운영하는 경우, 대면으로 만나기 전에, 많은 비대면 모임을 용이하게 조직할 수 있을 것입니다. 그런 의미에서 서울시교육청에서는 중학교 1학년 학생들에게 BYOD Bring your own device를 지원하고 있습니다.

그러나 그늘도 많습니다. 원격수업에 적응한 학생들은 '요령'을 부릴 때도 있다고 합니다. 저학년일수록 부모의 손길이 더욱 많이 갑니다. 방치 상태에 놓일 수가 있습니다. 관계에 의한 압박도 없습니다. 고독의 부정성이 엄습할 수도 있습니다. 2년여의 코로나 시기의 교육에 대한 다양한 연구는 학습결손과 학습장애 학생의 확대, 전반적인 학력의 약화, 학습 중간층의 붕괴, 교육격차 및 교육불평등의 심화라고 하는 거대한 숙제를 우리에게 알려주었습니다. 앞으로 이를 어떻게 극복할 것인가 하는 것이 위드코로나 시대, 포스트코로나 시대의 과제일 것입니다. 저는 이를 교육 회복의 최대 난제로 두고 서울시교육청의 정책-행정 역량을 최대한 발휘해서 노력하고 있는 중입니다.

3

기후 위기시대의
생태전환교육

유발 하라리는 《21세기를 위한 21가지 제언》이라는 책에서, "호모 사피엔스에게는 여유가 없다. 전 지구적 생태학적 위기, 커져가는 대량살상무기의 전 지구적 위험, 파괴적인 신기술의 부상은 그런 여유를 허락하지 않을 것이다. 인공지능과 생명기술은 인간에게 생명을 개조하고 설계할 힘을 건넬 것이다. 공학자는 인내심이 평균보다 훨씬 낮고 투자자는 최악이다"라는 말을 우리에게 전한 바 있습니다. 우리는 현재 근대 산업문명이 동반하는 우리 사회와 삶에 대한 근원적인 위기와 위험을 직시하고 있습니다. 특별히 우리 세대에 절박하게 다가온 기후 위기는 이를 더욱 심각하게 인식하게 하고 있습니다. 나아가 지난 2년여간의 코로나 재난을 경험하면서 인간과 자연, 문명과 지구에 대해 심각하게 돌아보게 됩니다. 코로나는 우리의 삶이 동물을 포함하여 지구상의 모든 생명체와 연결되어 있음을 알려주었습니다. 코로나는 우리의 삶이 국가와 민족의 경계에 의해 나누어져 있지 않고, 전 지구적으로 연결되어 있음을 새삼 깨닫게 해주었습니다.

　서울시교육청은 바로 이러한 문제의식 하에서, 코로나19와 같은 감염병 상황, 기후 위기 비상 시대의 인간과 자연의 공존, 그리고 지속 가능한 삶을 위해 개인의 생각, 행동양식뿐 아니라 조직문화와 시스템까지 총체적인 전환을 추구하는 생태전환교육 중장기(2020~2024) 발전 계획을 발표하였습니다. 이를 통해 생태전환교육의 방향을 제시하고 학교교육과정 전반에 생태교육과정의 관점이 반영되도록 하였고 생태전환적 가치를 서울시교육청 조직문화와 시스템에 정착시키려고 노력하고 있습니다. 2020년 9월에는 이를 위한 실무체계로 전국 최초로 생태환경에너지교육 전담팀을 신설하였습니다. 또한 일상생활 속에서 늘 사용하는 손수건부터 태양광으로 움직이는 탄소배출 제로학교까지 학교가 생태적 삶을 배우고 경험하는 장이 되어야 한다는 취지에서 '손수건에서 태양광까지'라는 슬로건을 정했습니다. 이를 통해 '탄소사회의 종말'을 앞당기고 탄소중립적 생활양식을 우리 미래세대들이 가지면 좋겠습니다. 이런 노력은 공장이나 자동차의 배출가스를 규제하거나 하는 등의 구조적 대책도 필요하지만 우리들의 일상에서 작은 '불편한 실천'도 필요합니다. 이를 위한 실천으로 서울시교육청에서는 화장실에 손을 닦는 '손 티슈'를 모두 없앴습니다. 저는 모든 공공기관으로, 나아가 민간기관에까지 이것이 확산되었으면 하는 소망을 가지고 있습니다.

생태전환교육이라는 방향 하에, 생태전환교육 중점학교, 어린이·청소년 기후예술학교, 생태감수성을 키우는 생태스포츠, 탄소중립 실현을 위한 기후행동 실천 네트워크 등 다양한 프로그램들을 운영하고 있습니다.

이 중의 하나로, 특별히 농산어촌 유학 프로그램을 소개하고 싶습니다. 농산어촌 유학은 1학기 동안 혹은 1년 동안 서울 학생들이 농산어촌으로 유학 가서 교육받고 생활하는 것입니다. 농산어촌 유학 프로그램의 슬로건은 '흙을 밟는 도시 아이들'입니다. '흙을 밟는 도시 아이들'이라는 말에서 알 수 있듯이 농산어촌 유학은 '서울 학생이 일정 기간 흙을 밟을 수 있는 농촌 학교에 다니면서 자연–마을–학교 안에서 계절의 변화, 제철 먹거리, 관계 맺기 등의 경험을 통해 생태 시민으로 성장하도록 지원하는 프로그램'입니다.

2020년 전남교육청과 업무협약을 맺고, 전남의 농산어촌으로 유학 가는 프로그램이 지금 진행 중입니다. 서울 학생들은 농산어촌 유학을 통해 도시 학교와 도시 생활에서 경험하기 어려운 생태친화적 환경 속에서 다양한 프로그램에 참여하게 됩니다. 이를 통해 새로운 친구, 이웃, 마을과의 만남을 일상 속에서 경험하게 되고, 새로운 환경에 대한 도전 의식과 용기, 서로 배려하고 협력하는 공동체 의식 등을 기르게 됩니다. 학생들이 농촌의 작은 학교에서의 교육과 농촌살이를 통해 생명이 움트는 감각을 느끼며 생태감수성을 회복하고 생태 시민으로 자라고 있다는 소식을 듣고 있습니다. 당초 20~30명만 참여해도 좋겠다고 예상했는데, 2020년 1학기에 81명, 2학기에 147명이 참가하는 놀라운 결과가 나타났습니다. 이 중 27명의 학생은 계속 농촌에 머물기로 결정하기도 했습니다. 2022년에는 223명이 신청하였습니다.

영국 BBC에까지 소개된 바 있는데, 한 학생의 '농촌유학 생활이 더할 나위 없이 좋다'는 인터뷰도 있었고, 학생들의 생태감수성 함양뿐 아니라 아이들의 인생에서 가슴 벅차고 행복한 기억의 한 자락을 만들어주는 의미 있는 정책으로 좀 더 많은 학생이 다양한 지역의 농·산·어촌으로 유학 갈 수 있도록 지역과 규모를 확대해 나가고 있습니다. 2021년까지 전남교육청과의 협업 아래 전남의 농산어촌에 유학하는 것을 넘어, 국토부 산하 전국에서 운영되고 있는 농산어촌 유학지원센터와 협력하여, 농산어촌 유학의 범위를 전남에서 여타 시도의 농산어촌으로 확대하고자 합니다. 또한 농촌유토피아대학·농촌유토피아연구소와 함께 농산어촌 유학이 농산어촌의 소규모학교를 살리고 나아가 중단기 유학을 넘어 장기유학으로까지 발전하도록 하는 노력을 경주하고 있습니다.

2022년에는 10년의 친환경 무상급식을 넘어서 기후 위기 시대에 조응하는 '먹거리 생태전환교육'을 새롭게 운영합니다. 이는 환경과 복지 중심의 기존 패러다임을 한 단계 발전시켜 인간-사회-환경-지구의 상호연관 안에서 먹거리의 의미를 알고, 지속가능한 먹거리 생산과 소비를 중심으로 올바른 식생활을 실천하는 '생태 시민'을 육성하는 교육 패러다임으로 이행하는 것입니다. 구체적으로 육식 섭취에 대해 생각해보는 '그린급식의 날'을 서울 모든 학교에서 월 2회 운영하는 등 기후급식으로 나아가기 위한 다양한 방안을 실천해가고 있습니다. 또한 '채식 선택제'를 월 2회 실시하고 있습니다. 탄소중립의 가치로 학교급식과 교육환경의 생태계를 구축하여 지속가능한 먹거리 미래사회를 만드는 데 지구시민과 함께 나아가면 좋겠습니다.

4

공간혁신: 전국 최초로 다양한 '공간혁신' 정책을 시도하고 관련 국가정책을 선도하였습니다

'19세기의 교실에서 20세기의 선생님이 21세기의 학생을 가르친다'는 고전적인 말은 한국의 학교 현실을 표현하는 상징적인 말입니다. 여기서 특별히 교실이라는 공간이 전근대적이고 교사와 학생에 비해 뒤떨어져 있다는 것이 중요합니다. 바로 그런 19세기의 교실을 21세기의 학생에게 맞는 미래지향적인 방식으로 재구조화하고자 하는 것이 공간혁신입니다.

돌이켜 보면, 대한민국 공교육 역사에서 학교 건물은 천편일률적인 직사각형 건물의 과거형 공간이었습니다. 그래서 교도소, 군대 막사와 학교 건물이 유사하다고 말하기도 합니다. 한 줄로 늘어선 교사 주도형 일제식 수업에 맞는 교실, 길게 이어진 복도, 오직 볼 일을 위해 만들어진 화장실, 그 너머가 학교라는 것만을 알려주는 데 충실한 학교 담장, 단지 물리적 공간을 나누는 벽 등 서울시교육청은 원초적인 목적에 충실했던 학교 공간에 교육적 의미를 불어넣기 시작했습니다. 공간이 주는 교육적 의미에 주목하고, 학교 공간에서 생활하는 학생, 학부모, 선생님이 참여하여 직접 설계하고 디자인하는 꿈을 실현해나갔습니다. 교실, 놀이터, 학교 담장과 벽, 화장실, 도서관 등 모든 학교 공간에 꿈을 담아 나갔고 그 속에서 학생들이 배우고, 쉬고, 놀 수 있도록 하고 있습니다. 특히 서울시와 함께 진행한 '아름다운 화장실', 서울시교육청이 처음으로 시행한 '꿈을 담은 교실'은 이후 공간혁신의 전형적인 모델이 되었습니다. 최근 서울시교육청의 이러한 공간혁신 사업은 모델화되어 교육부에 의해서 전국적인 사업으로 확대·시행되고 있습니다.

그동안 서울시교육청이 주도하고 전국적인 모델이 된 공간혁신 사업들은 아래와 같이 다양합니다.

- 꿈을 담은 놀이터: 배움과 쉼, 놀이가 어우러지는 공간 속에서 꿈과 재능 발휘하도록 공간 조성
- 꾸미고 꿈꾸는 학교 화장실: 학교 화장실을 문화, 예술, 휴식이 있는 공간으로 재구조화
- 꿈을 담은 교실: 유치원과 연계한 초1, 2학년 학생 발달단계에 맞는 학습 공간 제공
- 교무행정실 리모델링: 교무−행정 영역의 협업·소통 신모델 공간 제시
- 학교도서관: 청소년 공동체 문화조성 및 종합문화공간으로서의 학교도서관 구축

> ○ 고교학점제에 대응하는 공간 재구조화: 다양한 수업방식과 이동수업, 학생 휴식공간 등을 지원하는 고교학점제를 위한 공간혁신
> ○ 협력종합예술과 관련된 공간혁신: 학생 중심의 다양한 예술체험교육을 풍부히 진행할 수 있는 공간(공연 및 기타 시설) 제공
> ○ 서울형 메이커 스페이스 구축: 창의력·상상력을 키울 수 있는 메이커 스페이스 공간 조성

이후 학교의 부분적인 공간혁신사업이 진행되면서 이러한 부분적인 공간혁신 성과를 총화하여 신설 학교에 총체적으로 적용하고자 하는 노력을 진행하였습니다. 그리하여 탄생한 신설 학교의 새로운 모델의 예로 서울하늘숲초등학교, 공항고, 마곡하늬중, 신길중, 특수학교로 서진학교, 나래학교 등을 들 수 있습니다. 당연히 각종 상을 휩쓸고 있습니다. 서진학교는 2021년 서울 건축대상을 받기도 했습니다. 예컨대 서울하늘숲초등학교는 2019년 3월 개교한 교육공간혁신 시범학교로서 기존 교실 공간 혁신사업은 일부 교실에만 한정되었지만, 하늘숲초는 교사동 전부가 꿈담교실로 설계되었습니다. 여기에는 20명의 꿈담 건축가와 학생·교사 등이 설계 단계부터 함께 사용자 참여 디자인을 진행하여, 아이들의 성장과 발달에 맞게 △1~3학년은 교실의 안정과 놀이 중심교실 △4~5학년은 협력을 배울 수 있는 사회적 교실 △6학년은 개별성과 자율성이 존중되는 민주적 교실로 설계되었습니다. 또한 맨발교실, 창가 변형 공간, 소통공간으로 활용되

는 복도 중간 벽체, 교실 3면을 모두 활용 가능하게 한 교실 등이 특징적입니다.

교육공간혁신의 새로운 지평을 열기 위해, 서울시교육청에서는 꿈담건축가·학교건축가제도를 도입하여 모든 학교의 작은 공간도 미래 역량에 걸맞은 학습 공간이자 삶의 공간으로 혁신하도록 노력하고 있으며, 나아가 학교별 공간혁신 10년 마스터플랜 작성을 지원하며, 서울시교육청에 공공건축지원센터를 두어 획일화된 공간 설계가 아니라 철학과 가치가 녹아든 창의적인 공간 설계가 이루어질 수 있도록 기획 단계부터 지원하려는 노력을 하고 있습니다. 2022년에는 '틈새 공간혁신'을 생각해봅니다. 학교에 있는 작은 자투리 공간, 여러 기능적인 공간의 중간이나 옆에 있는 틈새 유휴 공간을 교육적, 미학적으로 재단장하는 것입니다. 가까이서 자연을 느끼고, 가까이에 카페형 공간이 들어오고, 가까이에 친구와 교우하는 자유공간을 만드는 꿈을 가지고 있습니다.

5
고졸 성공시대와 특성화고 발전

저는 2014년 교육감으로 취임한 이후 2가지 정책을 강력하게 추진하였습니다. 하나는 '일반고 전성시대' 정책이며, 다른 하나는 '고졸 성공시대' 정책입니다. 전자가 특목고–외고–자사고–일반고로 이어지는 고교서열화체제를 해체하여 수평적인 고교체제를 만들기 위한 노력이었다고 한다면, 후자는–대학교육을 지향하는 일반고와 달리–직업교육을 지향하는 특성화고 학생들이 당당하게 직업교육을 받고 나아가 당당하게 고졸 전문기술인으로서 살아가도록 하기 위한 노력이었습니다. 우리 사회가 그동안의 과도한 학력과 스펙 경쟁에서 벗어나, 소질과 적성에 맞는 전문 직업교육을 통해 대학에 가지 않고도 행복한 삶을 영위할 수 있는 능력중심사회를 구현하는 것은 이제 모두가 동의하는 시대적 과제가 되고 있습니다. 그러나 우리 사회의 엄존하는 학벌주의, 학력주의는 이러한 변화를 가로막고, 일류대학에 가기 위한 경쟁에서 승리하기 위해 '일류' 고교에 가기 위한 치열한 경쟁을 하게 되며 그 과정에서 특성화고는 주변화된 경로가 되고 있습니다. 바로 이러한 현실을 극복하고자 한 것이 '고졸 성공시대' 정책이었습니다. 2015년 이 정책을 발표한 이후 지속적으로 특성화고 교육 강화정책을 펴고 있습니다.

이를 위해 특성화고의 교육력을 강화하고 특성화고에서의 다양한 교육을 받고 전문직업인이 되기 위한 역량을 강화하며, 나아가 최근에는 정보화 사회로의 이행, 인공지능시대로의 전환과 같은 산업기술적 변화에 대응하여 특성화고의 위상을 강화하기 위한 지원 노력을 행하고 있습니다.

사실 특성화고를 졸업하고 고졸 직업인으로서도 당당하게 살기 위해서는 사회적 차원에서 고졸 학력 차별이 없어져야 하며, 학력에 따른 임금 격차 등이 완화되어야 하고, 특성화고 졸업생에 대한 다양한 취업 지원이 이루어져야 합니다. 이러한 노력은 서울시교육청의 범위를 넘어서서 전 국가적 차원에서 이루어져야 하지만, 서울시교육청은 2015년부터 교육청 공무원(기술직) 채용 시 채용인원의 50%를 특성화고 해당 분야 졸업자로 선발하고, 실기교사 자격검정을 실시하여 기능대회 출신의 우수 기능 보유 고졸자를 특성화고등학교 교사로 임용하는 등의 노력을 교육청의 권한 범위 내에서 경주하였습니다. 그리고 특성화고 입시제도를 획기적으로 개선하여 2016학년도에는 내신 성적과 무관하게 미래인재전형(가칭)을 특별전형으로 신설하여 성적

보다는 소질과 적성에 따른 학생 선발을 시도하였습니다. 나아가 취업지향형 교육과정을 운영하고, 글로벌 Job프로젝트를 실시하여 선진국 글로벌 현장실습, 중앙아시아 지역 국가와의 특성화고 재학생 기술 봉사 교류를 실시하고 있습니다. 또한 일·학습 병행제에 참여하고, 공공기관 고졸 적합 직무를 발굴하고 확대하는 노력도 행하고 있습니다.

이와 함께 특성화고 자체가 새로운 산업기술적 변화에 맞추어 신산업분야 진출에 조응하는 방향으로 교육경쟁력을 강화하는 것이 필요합니다. 그런 점에서 신산업분야 진출을 위한 학과 재구조화, 학과 개편, 학교 교육과정의 재구성 등의 노력을 지원하고 있습니다. 예컨대 학과 재구조화 등을 통하여 인공지능 특화 고등학교를 10개 신설하는 것을 목표로 지원하고 있습니다. 이에 따라 2020년에 4개, 2021년에 4개의 인공지능 고등학교가 탄생하였습니다. 또한 지역 여건과 산업수요에 맞춘 미래 유망 분야로의 학과재구조화·개편을 통하여 중등 직업교육의 질적 개선과 매력도를 높이는 것을 지원하고 있습니다. 2021년에는 21개교 27개 학과가 학과재구조화 사업에 선정되었습니다. 특히 스마트펫PET경영과, 친환경자동차과, 반려동물케어과, 바이오코스메틱과, AI전자과 등 신산업분야의 학과 개편이 다수 선정되어, 미래 유망산업 분야의 인력 수요에 부응하려는 노력도 행하고 있습니다.

또한 2021년에는 지역의 특성과 학생·학부모 수요, 학교 여건 등을 고려하여 경찰행정과, 부사관행정과 등 39개 학과를 교육청 자체 신설학과로 개편하도록 하였습니다. 서울시교육청은 이미 도래한 4차 산업혁명 시대에 부응하는 특성화고 교육시스템을 체계적으로 마련하여 직업교육을 활성화하고, 이를 통해 미래 핵심역량과 전문성을 갖춘 신산업분야 기술인재를 양성할 수 있도록 적극 지원하며 노력하고 있고, 이를 지속할 것입니다.

6
우리 학생들은
'악기 하나, 운동 하나'를 다룰 수 있어야

저는 우리 학생들이 어른으로 성장해 인간다운 삶, 행복한 삶을 누리기 위해서는 누구나 악기 하나, 운동 하나씩은 즐길 수 있어야 한다고 생각합니다. 그래서 '악기 하나, 운동 하나', 혹은 '음악예술 하나, 스포츠 하나' 정책을 추진하고 있습니다.

  그 여러 배경 중에서 두 가지를 강조하고 싶습니다. 첫째는, 후진국형 삶을 벗어나 선진국형 삶으로 변모하기 위해서 필요합니다. 60, 70년대 우리 부모들은 헝그리 정신으로 이를 악물고 기술발전과 경제발전을 위해서 노력해왔습니다. 이제 대한민국은 대표적인 성공한 산업화 국가가 되었고, 국가 경제력의 규모는 선진국 수준에 이르렀습니다. 부모 세대와 달리, 젊은 세대들과 우리 아이들은 부모들이 이룩한 이 경제적 풍요를 기반으로 이를 즐길 수 있어야 합니다. 악기 하나, 운동 하나의 모습은 개별적으로는 다 다르겠지만, 그런 변화된 풍요로운 삶을 상징하는 것이라고 생각합니다. 둘째는, 이제 저임금-장시간 노동으로 저가 수출품을 생산하던 과거의 산업구조가 달라졌기 때문입니다. 우리가 생산하는 생산품에 디자인이 가미되어야 하고 미학적 요소가 결합되어야 합니다. 이를 위해서는 부모 세대와 달리 풍부한 문화예술적 감수성을 우리 미래세대들이 가져야 합니다. 이런 점에서 건강한 신체와 결합된 문화예술적 역량을 갖는 것을 촉진하는 정책이 필요합니다.

마침 대한민국은 이제 세계적인 '문화대국'의 반열에 들어가고 있습니다. 영화 〈기생충〉이 아카데미 상을 수상하였고, 〈오징어 게임〉이 넷플릭스에서 전 세계 최고의 흥행을 자랑하는 드라마가 되었습니다. 일찍이 〈대장금〉이 '한류'의 첫 물꼬를 텄던 시절과 비교하여 엄청난 발전이 이루어진 것입니다. 이러한 문화대국으로 가는 흐름이 유지되기 위해서, 높은 수준의 문화예술 생산자가 필요합니다. 이를 뒷받침하기 위해서는 많은 문화예술 향유자가 필요합니다. 이런 견지에서도 중요하다고 생각합니다.

이런 점에서 서울시교육청은 '문화예술교육 3개년 계획'을 계속하여 세우면서 '보편교육으로서의 학교예술교육'을 활성화하기 위해서 노력하고 있습니다. 교육과정 연계 학교예술수업을 지원하고, 학생 맞춤형 예술교육 기회를 확대하는 한편, 일상에서 즐기는 악기교육을 활성화하기 위해서도 노력하고 있습니다. 이러한 지원을 위해, 서울창의예술교육센터를 은평 제1센터에 이어, 동부 제2센터를 만들고, 구로에 소규모로 제3센터를 만들어, 다양한 예술교육이 수업의 일환으로 이루어질 수 있도록 지원하고 있습니다. '아르테'라는 이름으로 학교예술강사를 파견하여 개별학교에서 하기 어려운 예술활동에 대한 지도가 이루어지게 하고 있습니다. 2021년 현재 8개 분야의 예술강사가 초·중·고 1,193개 학교에 파견되어 예술교육을 하고 있습니다.

그런 의미에서 제가 가장 자랑스러워하고 뿌듯한 문화예술교육 정책의 하나가 '협력종합예술'입니다. 서울의 모든 중학교 학생들이 중학교에 다니는 동안 한 학기 이상 교육과정 내의 종합예술활동(뮤지컬, 연극, 영화 등)에 학급의 모든 학생들이 역할을 분담하여 참여하고 그 성과를 공유하고 발표하는 학생 중심 예술 체험교육입니다. 이를 통해 문화예술적 감수성을 키우게 됩니다. 이를 위해서 2~3년 동안 연습실, 공연장, 예술강사 파견, 프로그램 운영비 지원 등 일체의 지원시스템 구축에 나섰고 지금은 정착된 상태입니다. 중학교에서 시작되었던 협력종합예술은 지금은 초등학교와 고등학교로도 확대 시행되고 있습니다.

다음으로 '운동 하나' 정책과 관련하여, 학생들의 스포츠 활동을 강화하기 위한 다양한 노력을 서울시교육청은 진행하고 있습니다. 서울 체육교육의 방향은 '공부하는 운동선수', '운동하는 일반학생'을 육성하는 것입니다. 아무래도 학교에서 운동선수를 위한 운동부가 운영된다고 하면, 일반학생들을 위한 '학교스포츠클럽'이 있습니다. '1학생 1스포츠 클럽' 참여를 위해 단위학교별로 5종목 이상의 클럽을 운영하도록 하고 있으며, 많이 활성화되어 있습니다. 코로나 때문에 스포츠클럽이 약화되었다는 안타까움이 있습니다. 코로나 속에서도 체육활동이 활발하게 이루어지도록 하기 위해서, '비대면' 스포츠 경연대회를 구상하여 실현하기도 했습니다. 예컨대 학생이 자기 체육활동 공간에서 줄넘기를 하고 그것을 실시간으로 중계하여 경연을 치르는 방식도 실시된 바 있습니다.

다음으로, 최근 학교 운동부에서 폭력 사태나 인권침해 사태가 발생하는 것에 대응하여, '생활 속 스포츠 가치 실천운동'을 펼치는가 하면, 학생과 지도자를 대상으로 하는 인권교육도 시행하고 있습니다. 한국여자농구연맹이나 한국여자배구연맹과 MOU를 맺어, 여학생들의 스포츠 활동 활성화를 위해 퇴임 혹은 현역 지도자들이 학생들을 만나게 하고 지도하게 함으로써 활성화의 촉진역할을 하도록 하고 있기도 합니다. 특별히 남학생에 비해 여학생의 체육활동이 부족한 것을 보완하기 위하여, '여신(여학생이 신나는)' 프로젝트라는 이름으로, 여학생을 위한 스포츠 활동을 개발하고 보급하는가 하면, 여학생들의 체육활동이 확대되도록 다양한 지원 활동을 전개하고 있습니다. 그 하나로 2021년부터 시작된 『공차소서(공을 차자! 소녀들아! 서울에서!)』 지원 정책도 소개하고 싶습니다. 이는 서울시교육청과 대한축구협회가 업무협약을 맺고 여학생 축구 스포츠클럽 활성화를 위해 운영하는 여중생 축구 스포츠클럽 활성화 프로젝트입니다. 이에 따라, 2021년 9월,

서울시를 4개 권역으로 나누어 신청을 받아 팀을 구성하였으며, 멘토교사 28명, 학생 75명이 참가하여 매주 토요일에 훈련을 실시하였습니다. 서울시교육청은 '공차소서' 프로젝트 이외에도 초등학교 98교에 축구전문지도자를 파견하여 체육수업 내실화와 여학생 학교스포츠클럽 활성화를 위해 노력하고 있습니다.

7

공교육의 책무성을 확대하여: 장애 학생, 다문화 학생, '학교 밖 학생'에 대한 확대

과거의 제도권 공교육은 공부 잘하는 학생, 모범적인 학생을 표준으로 하여 진행되었고, 표준적인 상(像)으로부터 벗어나는 다양한 유형의 학생들은 충분한 지원과 돌봄을 받지 못하였습니다. 지난 10여 년간의 혁신교육은 바로 이러한 '약자'의 위치에 놓인 다양한 학생들을 지원하여, 공교육 내에서 온전한 성장을 할 수 있도록 하는 것을 지향하고 있다고 말할 수 있습니다. '책임교육'이라는 이름으로 혁신교육의 중요한 영역이었던 것도 이런 의미였습니다.

이를 위한 다양한 정책들을 소개하고자 합니다. 먼저 장애학생들의 학습권과 성장을 위하여 다양한 지원이 이루어져 왔습니다. 무엇보다 장애학생의 학습권 보장을 위해서는 특수학교가 확대되어야 하는데, 지역이기주의에 기초한 반대에도 불구하고 특수학교를 만들기 위한 지난한 노력이 지속되어져 왔습니다. 그 대표적인 예가 지역주민들의 반대의 긴 터널을 뚫고 설립된 강서 서진학교입니다. 2020년 3월 강서 서진학교가 만들어졌고, 바로 그 이전인 2019년 9월 강남에 나래학교가 만들어졌습니다. 2017년 9월 5일 강서 특수학교를 만들기 위한 공청회가 열렸는데, 이에 반대하는 주민들에 맞서 장애학부모들의 '무릎 꿇은' 사진 하나가 많은 국민들의 공감과 분노를 만들어내게 되었고, 이로써 지역이기주의적 관점에서 특수학교 설립을 반대하는 흐름이 퇴조하게 되었습니다. 서진학교를 만드는 긴 고난의 여정을 그린 〈학교 가는 길〉이라는 영화가 많은 사람의 공감을 자아낸 바 있습니다. 2019년 9월에는 서울인강학교가 공립화되어 '서울 도솔학교'로 개교되기도 하였습니다. 이러한 특수학교 외에, 일반 학교 내에 장애학생이 일반학생과 어울려 생활할 수 있도록 '특수학급'을 만들기 위한 노력도 가속화되었습니다. 이를 촉진하기 위해, 특수학급 설치를 의무화하는 조례가 서울시의회에서 만들어지기도 하였습니다.

2018년 인강학원에서 일어난 사회복무요원의 장애학생 폭력 사태를 계기로 하여, 장애학생의 인권보호를 위한 조치도 강화되었습니다. 서울시교육청은 2019년 4월부터 학교 현장의 어려움을 직접적으로 개입하여 지원할 수 있도록 전국 최초로 특수교육 및 행동문제 임상전문가로 구성된 '행동중재 특별지원단'을 조직하여 운영하기 시작한 바도 있습니다. 여기서 더 나아가 2019년 9월부터 장애학생과 비장애학생의 어울림 교육을 위하여, 전국 최초로 '통합교육, 어울림 교육'을 맡아 관장할 '통합교육팀'을 신설하여 운영하고 있습니다. 일반

학교의 더 촘촘한 통합교육지원을 위하여 일반교육 및 특수교육 전문가로 구성된 통합교육지원단을 본청 및 11개 모든 교육지원청에 신설하기도 했습니다.

다음으로, 제도권 교육에서 또 다른 약자의 위치에 있는 학생은 다문화학생이 될 것입니다. 저는 교육감에 취임한 다음 해인 2015년부터 서울교육의 중점과제로서 '공존과 상생의 세계시민교육 강화'를 설정하고, 그 일환으로 다양한 방식의 다문화 교육지원 정책을 펼쳐왔습니다. 서울시교육청은 '세계시민·다문화교육 정책'의 일환으로 먼저 학교의 자율적인 세계시민교육 확산과 내실 있는 운영을 지원하였습니다. 이를 위해 △세계시민교육 특별지원학교 지정·운영 △학습동아리 지원 △세계시민교육 교원 직무연수 운영 △유네스코 협동학교 확대 △세계시민 교과서 수도권 4개 교육청 공동 개발 △세계시민교육 웹 자료실 구축 △세계시민교육 선도 교사 선발 및 운영 등을 진행하였습니다. 아울러, 동화주의同化主義 중심의 다문화 교육을 넘어, 다문화 학생의 장점을 살려주는 다양한 다문화 학생 역량 개발 중심의 정책으로, △다문화 학생의 빠른 학교 적응을 위한 다문화 예비학교와 3개 선도교육지원청을 통한 맞춤형 다문화 학부모교육 △다문화 학생과 일반학생들의 평화로운 학교문화 조성을 위한 다문화 유치원 시범사업·연구학교·중점학교 지정·운영 △다문화 학생의 안정적 사회 진입을 위한 직업교육기관 지정·운영 △다문화 교육 교원 전문 역량 증진을 위한 다문화교육지원 컨설팅단 구성·운영, 외부자원 연계 다문화교육 교원직무연수 실시 △다문화·탈북학생의 한국사회 정착에 필요한 최소한의 교육기회 보장을 위한 '학력심의위원회 운영 규정' 제정 △운동에 특기를 가진 다문화 학생 장학금 지원 등을 추진한 바 있습니다. 특히 영등포구, 구로구, 금천구 등 서울 서남권 지역의 특성을 반영한 △ 다문화 학생 밀집학교 교육력 제고 방안 연구용역 진행 △이중언어 강사 배치 △중국어 모어 母語 사용자 밀집 초등학교 대상 세계시민 이중언어 (중국어) 교실 시범사업 (한국인 중국어 강사 파견) 도 실시했습니다. 2021년 하반기에는 세계적 디자이너 이상봉 선생님과 협업하여, 모델 및 디자이너가 되는 꿈을 가지고 있는 다문화 학생들을 위해 '꿈토링 스쿨'을 6개월간 진행하였습니다. 일반 한국학생과 다른 피부색과 인종적 배경이 오히려 장점이 될 수 있는 영역이 무엇일까를 생각하다가, 디자인, 모델 영역이라는 생각을 했고, 그래서 다문화 학생들 중에 이런 분야로 진출하고자 하는 학생을 위한 특별한 토요학교였습니다. 지난해 11월 20일에는 이 학생들의 '졸업' 작품발표회가 있었는데, 다문화 학생이 디자인한 옷을 다문화 학생이 모델로서 선보이는 패션쇼가 개최되었습니다. 저도 격려하는 의미에서 학생이 만든 옷을 입고 '모델'로서 참여했습니다.

　우리는 이러한 여러 정책들을 통해 다문화 학생들이 한국사회의 인재로 성장하는데 아무런 부족함이 없는 환경이 만들고자 하며, 이른바 '선주민' 학생들을 중심에 놓는 자국 중심적인 다문화 정책과 교육을 넘어서고자 노력하고 있습니다. 다문화를 다름과 차이로 인정하면서, 주류–비주류, 정상–비정상, 우優–열劣이라는 차별적 인식 틀에서 벗어나, '동등한 다름', '상호 존중적 차이'를 인정하고 존중하는 세계시민적 마인드와 시각을 우리 모든 학생들이 가지면 좋겠다는 소망을 가집니다.

저는 학생들은 학교 안에도 있지만, 학교 밖에도 있다고 말합니다. 서울시교육청은 책임교육의 영역을 확장하여 기존의 교육청 정책에서 충분히 자기 자리를 보장받으면서 성장하지 못하던 아이들을 지원하기 위한 다양한 노력을 기울이고 있습니다. 예컨대 학교 밖 청소년을 위한 지원센터로서 신림동에 '친구랑'을 만들어서, 학교 밖 청소년들의 쉼터이자 학업의 끈을 이어가도록 지원하였습니다. 학교 밖 청소년들로 오케스트라를 구성하여, 비록 학교 밖에서지만 당당한 주체로 살아가도록 하는 지원활동도 펼치고, 학교 밖 청소년들을 위한 '교육참여수당(중·고등학생들의 경우 월 20만 원, 연 240만 원)'을 만들어서 지원하고 있습니다.

나아가, 학교 바깥에서 검정고시를 하거나 비인가 대안학교에 다니는 '학교 밖 학생'들을 지원하기 위한 정책도 전개하고 있습니다. 또한 앞서 말한 '친구랑' 외에 4개의 평생학습관에 학교 밖 청소년 지원센터를 운영하고 있으며, 이를 통해 학력 인정 학습지원, 검정고시 멘토링, 교육·정서·진로·건강 지원사업 등을 제공하고 있습니다.

또한 제도권 공교육 내에 일종의 대안학교 과정을 만들었는데, 2015년부터는 '오디세이학교: 고교자유학년제'라는 이름으로 운영되고 있습니다. 이는 덴마크의 '애프터스쿨'을 벤치마킹한 것인데, 일종의 전환학년Transition Year 교육과정으로, 2018년 3월 1일자로 각종 학교로 개교했습니다. 오디세이학교는 입시 경쟁과 지식 교과 위주의 교육과정에서 벗어나 자유로운 성찰과 깊이 있는 체험을 제공하는 창의적인 자율 교육과정을 공교육 교사들과 민간 대안교육기관이 협력하여 운영하는 것입니다. 오디세이학교는 공통 교육과정과 선택 교육과정으로 운영되는데, 학생들은 희망하는 교육과정을 선택하여 지원할 수 있습니다. 공통 교육과정은 △글쓰기 △자치활동 △여행 △멘토 특강 △기획 활동 △보통교과 수업 등으로 이루어지며, 선택 교육과정은 △프로젝트 과정 △인턴십 과정 △문화·예술 과정 △인문학 과정 △시민참여 과정 △문학과 성장 과정 등으로 이루어집니다. 2022년부터는 강화도에 있는 '꿈틀리 인생학교'와 협력하여 '기숙형 오디세이 과정'을 운영합니다.

지금 만나러 갑니다

초판 1쇄 인쇄・2022년 2월 17일
초판 1쇄 발행・2022년 2월 25일

지은이・조희연
펴낸이・천정한
펴낸곳・도서출판 정한책방

출판등록・2019년 4월 10일 제2019-000036호
주소・(서울본사) 서울 은평구 은평로3길 34-2
　　　　(충북지사) 충북 괴산군 청천면 청천10길 4
전화・070-7724-4005
팩스・02-6971-8784
블로그・http://blog.naver.com/junghanbooks
이메일・junghanbooks@naver.com

ISBN 979-11-87685-62-3　03370

・책값은 뒤표지에 적혀 있습니다.
・잘못 만든 책은 구입하신 서점에서 바꾸어 드립니다.
・이 책의 일부 또는 전부를 재사용하려면 반드시 저작권자 및 도서출판 정한책방의 동의를 얻어야 합니다.